種籽文化

種籽文化

懂得做人成本概念的人，通常都是在裝糊塗，而不是真糊塗！

一個成功的人，一定是頭腦清醒的人，因為清醒，所以瞭解人性的缺點和事情的微妙之處；
因此，他能夠用人之長，棄人之短；瞭解事情的正面，也清楚事情的反面。
同時，也是一個善於糊塗的人，他給人留餘地，給事情留下迴轉的空間，該放下的時候放下；
這樣才能爭取一切可利用的東西，為自己來服務，用最低的成本，獲得最大的成功。

做人要有成本概念

過好自己的生活

砍柴人——著

Life must have a cost concept

醒醒吧！這個世界不是你想得那麼單純？

目錄

一半知目標，一半懂自己

每個人，都有自己的長處，也都有自己的短處，要想以最小的成本獲得最大的成績，就必須要有自知之明，知道自己能做什麼？選擇自己所擅長的，放棄自己所不擅長的。

我們從生到死，是一個發展前進的過程。既然是前進的過程，肯定少不了參照物。只有參照物的存在，我們才知道自己發展的好與壞。

對我們直接有影響和刺激的參照物，就是我們所熟悉的人，比如我們的親屬和朋友，彼此都會存在想超越對方的心理。每個人都希望自己的社會地位高一些，本事大一些，生活品質高一些，這是人的正常心理渴求，無可厚非。

我們要知道，在人的諸多本性中，有一個性格是很明顯的，那就是不肯承認別人比自己強，不肯承認自己不如人。而這個本性，越是在有才華的人身上表現得越是強烈。大家都是人，為什麼你能做到的我就不能做到？難道我就不如你嗎？如果是我在你的這個位置上，說不定做得比你還好！

這並不是單純的酸葡萄心理。正確的說，人的這個本性，其實並不能算是壞事。它能激發人的上進心，讓人努力向上，做得更好。可是，也不得不說，在這個世界上，有許多的事情並不是按照人的主觀願望而進行的。有的時候別人能做到的事情，換成是我們還真的是不能做到。在這個時候，能承認自己的不足，承認自己做不到，就需要有很大的勇氣和氣度了。而這一點，卻是絕大多數人所不能做到的。

別人有的我們一定要有，別人沒有的我們也要有，如果我們能力所及，這也不是錯的。但是我們必須要知道，我們的慾望和我們的能力總是存在著一段距離，人與人的能力也有一定的差距。

做自己能為之事，成功的機率大，失望的機率小；做自己難為之事，失敗的機率大，受傷的機率也大。一旦失望變成了絕望，我們的人生付出的成本就很難計算了。

所以，在人生這段說長不長說短不短的道路上，我們要有所知進退。

* * *

有這麼一個寓言故事，叫做「邯鄲學步」，說的是古時候有一個人，聽說趙國邯鄲那裡的人走路姿勢非常優美，心生羨慕，於是就千辛萬苦的跑到邯鄲去，想學學那裡的人是如何走路，結果他不僅沒有學到邯鄲人走路的姿勢，反而連自己原先走路的方法都忘記了，於是只好爬著回家。

這似乎只是一則寓言故事而已，聽到的人大多只會嗤之一笑：哈！天底下哪有這麼笨的人啊？

這樣的例子在現實生活中存在著很多：原本教書教得好好的，卻偏偏要下海經商，結果不僅家產全部賠了進去，甚至連老婆也鬧著要離婚；原本做個行政人員駕輕就熟，非常出色，但非得轉到行銷部門，只認為業務員的獎金豐厚，最後不得不捲舖蓋走人……

對於自己能力所不及的事情，還是不要強求的好。要不然，真的變成了那到邯鄲學步的人，就實在是太不值得了。

在這一點上，我們應該學學古人曹參。

曹參這個人，是跟隨漢高祖劉邦打天下的名臣宿將，很有能力的一個人。當年漢高祖病危，呂后問他說：「您死了之後，丞相蕭何也死了的話，找誰來代替？」漢高祖說：「曹參可以。」蕭何臨終前，漢惠帝也問他說：「你死了之後，我該找誰來接替你的位置？」蕭何說：「知臣莫若君。」漢惠帝說：「曹參可以嗎？」蕭何說：「陛下找對人了。」可見無論是在漢高祖劉邦還是丞相蕭何又或者是漢惠帝的心目中，曹參都的確是個人才，完全能夠勝任丞相的職務。

就連曹參自己，也對自己的能力深信不疑。他聽說蕭何的死訊之後，立刻吩咐家人準備行裝，說：「我馬上就要進相府當丞相了。」果然沒過一會，皇宮的使者就下了任命書。

這樣一個對自己的能力深信不疑並且當仁不讓的人，應該說，在他當上丞相之後，應當大有一番作為才對。可是，大家來看看這位新丞相，都做了些什麼事：天天拉著下屬們喝酒，不喝到爛醉不肯罷休，要是有什麼官員前來報告什麼公事，他也必然拉著人家一起喝酒，非逼得人家逃席不可。結果什麼公事啊，什麼禮儀啊，全都化成酒水喝到肚子裏了。更可氣的是，如果官員們犯了什麼錯誤，他不僅不會嚴懲，反而會想方設法加以掩護，實在是沒有一個丞相樣。

這樣幾次下來，漢惠帝忍不住了，就派了曹參的兒子加以勸解說：「父親大人您天天喝酒享樂，朝廷大事怎麼辦？」沒想到這話把曹參給惹火了，將兒子痛揍了一頓，邊打還邊說：「朝廷大事哪是你黃毛小子該問的嗎？」漢惠帝沒有辦法，只好親自出面，在朝堂上質問曹參。

面對著漢惠帝的質問，曹參回答的話，很值得我們思考。

曹參當時脫下了帽子，很恭敬地反問漢惠帝：「陛下您認為您的才能比得上您的父親高祖皇帝嗎？」漢惠帝說：「我怎麼敢和高祖皇帝比較？」曹參又問：「那您認為我的才能比得上先丞相蕭何嗎？」漢惠帝說：「我看似乎有些不如。」曹參於是就說：「您說得對極了。高祖皇帝和蕭何丞相打下了江山，定下了法律法規，我們的才華既然比不上他們，那就不如按照他們制定的章程辦事。只要不犯什麼重大錯誤，不也就夠了嗎？」漢惠帝點頭說：「你說得對極了。」

這就是歷史上赫赫有名的「蕭規曹隨」的典故。史書上對它的評價是：「蕭何為法，較若畫一；曹參代之，守而勿失。載其清淨，民以寧一。」

曹參的故事，給我們的啟發是很深的。應該說，曹參這個人，是很有自知之明的。他知道自己擅長什麼：論打仗，蕭何這點肯定不如我；他同時也知道自己不擅長什麼：論治國，我卻不是蕭何的對手。因此，他才來了個「蕭規曹隨」，承認自己不如蕭何。曹參的胸襟和氣度，是很令我們佩服的。

不過，反過來想想，我們來猜測一下，如果曹參硬要與蕭何較較勁，不來個「蕭規曹隨」的話，那結局又會怎麼樣呢？

那他付出的代價肯定相當慘重！用經濟學上的術語來說，就是付出的成本太高。

首先一條就是，成本與收益絕對不成對比。

曹參當上丞相之後，已經是一人之下萬人之上，無可再升了。我們想想看，就算他更改了蕭何制定下的規矩，並且獲得了巨大的成功，那麼，他又能得到什麼收益呢？難道他還能再升一級當皇帝不成？顯然，這是絕對不可能的。最多最多，不過是爵位再高一點，封邑再大一點而已。比較起他原本的地位、功績來，這點賞賜實在不值一提。就像我們現代人，用一百塊錢的成本去賺一百塊錢的收益，大家都會打破頭去爭，但如果告訴你用一百塊錢的成本只能賺到一塊錢的收益，有興趣的人就很少了。

很明顯的，這樁生意，成本太高，收益太低，不值得去做。

第二條是，可操作性不強。

如果有某人對你說，你給我一百塊，我馬上就給你一百零一塊，包你穩賺這一塊錢。相信大多數人，都還是會做這樁生意的。畢竟一塊錢，再怎麼說它也是錢啊。穩賺不賠的生意，為什麼不去做？

但關鍵的問題在於，付出了一百塊的成本，就一定能收到多這一塊錢的收益嗎？

不見得，至少曹參就認為不見得。曹參他很有自知之明的，知道自己能力不足，要是在治國上與蕭何爭個高低，那是明顯的自討苦吃。也就是說，他認為，就算付出了這一百塊錢的成本，也不一定能賺得到這一塊錢。

既然是不能賺錢的生意，那又何必去做！

第三條，危險性太強。

一樁生意，就算利潤薄或者沒有利潤，但如果能不虧本的話，說不定還是會有人抱著僥倖的心理去嘗試一下：我投入一百塊，最後要是還能拿回一百塊，我也沒損失什麼呀？相反，要是成功了，說不定我還能賺到點錢呢！

但曹參的這樁生意，要是失敗了，損失可就大了。

經過秦末大亂之後，漢朝剛剛穩定下來，國力還很虛弱。這就像一個剛剛成立不久的新公司，資金短缺，設備不足，人才缺乏等等，應該說，在這個時候，公司的第一目標就是要能夠在市場上生存下去，然後才能慢慢求發展。本來嘛，高祖皇帝這個前董事長和蕭何這個前總經理都已經為公司規劃好了與民休息的發展方向，今年該做什麼，明年又該做什麼，最後會達到一個什麼效果。這個方向本來是正確的，可是現在換你曹參當總經理了，你說不行，這思想太落後了，我們應該與時俱進，緊跟國際潮流。這廠房太破了，應該建個更好的；這設施太落伍了，應該換先進的；還有這些人，都是些什麼垃圾啊，全部淘汰，我要重新招聘新人。

這麼折騰來折騰去，一個剛剛成立的新公司自然是經不起這麼一番折騰的。結果恐怕是你曹總經理還沒有來得及完成自己的改造，公司就先已經被你搞垮了。而你，也不得不捲舖蓋走人了。

在現代社會，職業經理人搞垮了公司，最多只是個捲舖蓋走人的問題。可是在古代，在當時，做丞相的要是把國家搞得一團糟，那後果可就不僅僅是捲舖蓋走人這麼簡單了。罷官停職那是最輕的，嚴重的會危及到自己和家人的身家性命。而如果曹總經理真的敢這麼做的話，那他與斷頭台親吻的結局，幾乎可以說是毫無疑問的了。

這樣說來，他所付出的成本就實在太大了。不僅沒有賺到那一塊錢的利潤，反而連自己原本的那一百塊錢的成本也全賠了進去。

為了那虛無縹緲的一塊錢，而賠進去一百塊錢，這樣的生意，值得嗎？

這樣做人的成本，實在是太高了。

相反，如果曹參按照蕭何已經制定了的政策行事，那他既可以安安穩穩地做他好的丞相（保住了一百塊錢的成本），出錯了主要責任也不會在他身上（不會虧本），有成績了他臉上也有光彩（說不定還能賺上一筆），這樣穩賺不賠的生意，為何不做？

這就是曹參的聰明選擇。他用最小的成本，獲取了最大的利益。

* * *

人的才能是有限的，尺有所短，寸有所長。承認自己做不到，不在自己能力所不能及的地方強鑽牛角尖，這並不是怯懦，相反，這是一種大智慧，大氣度。當年魯肅去世，孫權命嚴畯代替魯肅的大都督之位，大家都為嚴畯感到高興，他卻堅決推辭說：「樸素書生，不閑軍事」，發言懇切，以至於流涕。孫權不得已，才以呂蒙接任都督，這才有後來的：「呂蒙白衣過江，平荊州，殺關羽」的故事。嚴畯的美德，一直被眾人傳為美談。

但這個世上的大多數人就不明白這個道理。他們只看見了登上高位之後的榮耀，卻忽略了同時應擔負起的責任和後果，只知道前進，卻不曉得有的時候知己知彼才是最好的應付手段。

乾隆時期的軍機大臣訥親，就是這樣的一個典型人物。

訥親這個人，是滿族大臣，出身高貴，與乾隆皇帝有著親戚關係，同時又是乾隆還在當皇子的時候就跟隨在身邊的親近人，因此很是得乾隆信任。再加上訥親他也很有才華，很善於理財，而且為官也很廉潔，曾在家門口養了兩隻大狼狗，專門用來嚇唬那些上門送禮的官員的，因此他的官職升得飛快，很快就做到了軍機大臣的職務，一人之下，萬人之上。照理說，他應該很滿足了，但訥親這個人，卻不知道進退，最終身敗名裂，為天下笑。

那一年，大小金川的苗族部落起來反叛，聲勢很是浩大，朝廷派大軍去征討，卻吃了大敗仗。照理來說，這種軍務大事，和訥親這個文臣是沒有什麼關係的，但這傢伙不知道哪根筋不對勁了，居然動起了帶兵平叛的念頭。他大概是覺得，自己就算熬到頭，也不過是個文臣而已，算不上有什麼威風，因此很想學習一下那些古代儒將的風采，也好讓別人稱讚自己一聲「文武雙全」。於是，他就向乾隆皇帝請命帶兵。

訥親這麼一請命，乾隆皇帝心裏就犯了嘀咕。應該說，乾隆皇帝對於訥親究竟有多少本事，心裏還是很清楚的，他也很瞭解訥親的心思，於是就對訥親說：「你的才華，用在指揮打仗上是不行的，做做後勤還是很稱職的。你不是想要軍功嗎？很容易啊，我讓你去掌管大軍的後勤補給。仗打贏了，跑不了你的功勞。就算不幸打敗了，也不會牽連到你身上去。」

正確地說，乾隆皇帝為訥親的考慮，還是很周詳的，給了他一個進可攻退可守的位置。但是訥親這人，真的是很不知進退，硬要去爭這個征討軍統帥的地位。乾隆皇帝拗不過他，只好答應了他，想想又不放心，又把當時的名將張廣泗叫來給訥親做副手。乾隆皇帝這原本也是一番好意，心想有張廣泗輔佐訥親，應該不會出什麼問題的。可是沒想到，他的這番安排，最終葬送了這兩人的性命：訥親自恃滿人出身，加上又是讀書人，看不起張廣泗這個漢人出身的粗魯武夫。而張廣泗呢，心裏也不舒服：仗打贏了，功勞是訥親的；仗打輸了，自己還要承擔責任，於是張廣泗就天天稱病，什麼事也不管。而訥親呢，卻又指揮不動張廣泗手下的那些驕兵悍將。

將帥不和，本來就是兵家大忌，再用一個白面書生去指揮作戰，這場戰爭的最後結果，已經是可以確定的了。最終，訥親和張廣泗指揮的十萬大軍，全部被埋在了大小金川的爛泥潭裏，他們兩個主帥，雖然逃了出來，卻也沒能逃脫乾隆皇帝的憤怒之火，被賜自盡。

與曹參相比較起來，這就是一個典型的不知進退的例子。一個青史留名的能臣，變成了一個遺臭萬年的庸將；一個高高在上大權在握的權臣，變成了眾人唾棄身首異處的罪人；他付出的成本，是不是太高了？

上天對待每個人都是公平的。你可能沒有俊秀的外表，當不了演員，不能一夕成名，但你卻有聰明的頭腦，能夠將資訊轉化為商機；你可能沒有嫻熟的外交技巧，能頃刻之間談成眾多的交易，可是你卻有良好的人品，能夠拉攏住大批的老客戶；你可能比不上你的同事那麼能幹，但你卻很善於配合別人。

每個人，都有自己的長處，也都有自己的短處，要想以最小的成本獲得最大的成績，就必須要有自知之明，知道自己能做什麼。選擇自己所擅長的，放棄自己所不擅長的。看人挑擔不吃力，自己挑擔壓千斤。能夠知道自己的能力局限所在，就不會做出超越自己能力範圍的事情來，壓傷自己的肩膀。否則，就很可能像那個到邯鄲學步的人一樣，最終只能爬著回去。

一半信有據，一半疑無憑

很多原因是我們看人不清，察事不明，無故增加了我們做人做事的成本，很多事情，成敗得失往往取決於我們信與不信的一瞬間。在信任出現危機的時代，正確判斷成為我們低成本做人的首要課題。

我們每天都會經由他人、媒體、網路來獲得大量的資訊。這些資訊中，有的和我們切身利益有關，有的資訊與我們切身利益無關。我們身邊每一種資訊的出現，都可能代表著一種形勢的出現，與我們的自身利益息息相關，進而會影響我們的舉措和行動。資訊，是我們做事時採取措施和行動依據，我們經由資訊來判斷形勢做出決策。

但是任何資訊都有真假之分，儘管有的資訊來自權威的媒體，或者親近朋友的相告。有的內容是真實可信的，有的內容卻是虛假可疑的。所以對資訊的辨別判斷成了我們生活中的重要內容。辨別和判斷，就是我們對所接收到的資訊，進行由粗到細、由外到內、由表到裏的篩選，確定哪些是可靠的，哪些是不可靠的。《詩經》有言：「他人有言，予忖度之」，說的就是這個意思。

不過，任何事情說起來簡單，做起來卻沒有那麼容易。我們不是經常看到人們在上當之後或者事業失敗之後，後悔不已，「都怪我交友不慎，都怪我們當時輕信某某人的話……」一切事情都在結果出現時，所有的人、所有的資訊才會露出它的真實面目，但是這也是大勢已去的時候，也是當事人認命的時候。

在實際生活中，與我們有關或者無關的資訊總是多向的而不是單一的，是多彩多姿的而不是黑白分明的。面對大量複雜的資訊，真的能夠做出準確地判斷，實在並不是那麼簡單的事情。我們常常會遇到的情況是，面對同樣一個人，同樣一件事情，有正面的評價，也會有負面的意見，有好的資訊，也會有壞的資訊，讓人難以掌握，猶豫不決，不知道哪些可信，哪些可疑。

那麼，什麼樣的資訊才可以作為我們做判斷、下結論的依據或者標準呢？怎麼才能做到不受虛假資訊影響而避免吃虧上當呢？

一個真正客觀的人，他一定有自己的主見和標準，不人云亦云，他並不是機械式地憑空知道資訊和資料，而是根據資訊的「有憑」、「無據」做出自己的辨別和判斷。

一個真正客觀的人，對於自己所看到的事實和聽到的資訊，會瞭解它的真實情況，在客觀真實的基礎上建立判斷的憑據。「耳聽為虛，眼見為實」，但是有些時候我們見到的事情也未必是真實，一定要結合事情本身發展的規律進行取捨和判斷。

一個真正客觀的人，看見一種現象，他不會立刻盲目的相信，而是透過現象來看本質，洞察現象背後真實的事物，進而確定自己的行動。

我們生活中做人做事的失敗，很多原因是我們看人不清，察事不明，無故增加了我們做人做事的成本，導致人生收益很低。很多事情，成敗得失往往取決於我們信與不信的一瞬間。在信任危機的時代，正確判斷成為我們低成本做人的首要課題。

*　*　*

真相只有一個，但是反映真相的形式，卻可以是很多種。這許多種形式，單個看起來，似乎都和真相相距甚遠，令人懷疑；合起來看，卻又能夠構成真相的全部，完全可信，成為我們判斷的基石。

佛教中有個著名的寓言，叫盲人摸象。盲人們想知道大象的模樣，他們就透過用手來觸摸大象，結果摸到鼻子的說大象像一條蛇，摸到象牙的說大象像一把矛，摸到耳朵的說大象像一把扇子，摸到身體的說大象像一座牆，摸到腿的說大象像一棵樹，摸到大象尾巴的卻說大象像一根繩索。

盲人們受自己感官的局限，看不到大象的實體，卻相信自己有限的體驗，把自己局限在一個局部的感知上，他們當然會鬧出笑話。也許很多人嘲笑這些盲人孤陋寡聞，以點代面，可是現實生活中，事情有可能就像盲人面前的大象一樣複雜，我們每個人也有可能像那些盲人一樣，只能佔有部分事實的資料。這些資料，有可能是一致的，也有可能完全是不相干的，甚至是矛盾的。在這樣的情況下，究竟你能相信哪些資料？懷疑哪些資料？取用哪些資料？捨棄哪些資料？可以說，任何輕舉妄動都會徹底關閉通往真相的大門，在這樣的困境中，你比盲人又能高明多少呢？

所以在實際操作中，對任何資訊我們都大意不得，一半信有據，相信並重視任何一條證據，不放過任何蛛絲馬跡，因為任何資訊都不會憑空出現的，都有其價值和意義；

一半疑無憑，對所得資訊，大膽懷疑，小心辨別，去其當疑，切除其中不合客觀規律和正常事理的部分，取其可信，取其符合事理真實的事件，以為我們的工作和事業服務。

就像那些摸象的盲人，他們每個人提供的線索，對我們認識大象都是有意義的，我們對這些資訊，要採取尊重和相信的態度，鼓勵他們提出更多證明他們論點的資料來。如果我們隨意否定他們的意見，誰還會繼續為我們提供資訊呢？但是，我們的相信，又不是隨便地就支持某一方的觀點而做出定論，也不是佔有大量的資料，把他們堆起來不管，而是要把資料集中起來提出疑問，比較他們的差異，辨別他們的真偽，吸收其中有用的部分，並且加以整合，去掉不合理的一面，保留合理的一面，最終組合成一個完整的符合真實的整體。

春秋時期，魯國和齊國交戰。魯國是小國，齊國是大國，小國能打過大國嗎？魯國的曹劌很焦慮，他跑去見魯國國王，問他有沒有做好戰備工作。國王說：沒問題，我不吃獨食，好吃的好東西，總是分給國人，人民一定會支持我；我祭祀神的時候，很虔誠，供品也很豐厚。曹劌卻說，這些都不可靠，還有別的嗎？國王說：我判案子很公正，沒有冤枉過人。這下曹劌滿意了，說這個不錯，老百姓肯定會為你出力的，咱們打吧。兩國交戰，曹劌等齊國第三次擊戰鼓才命令魯國軍隊衝鋒，果然打敗了齊國。國王要追擊齊軍擴大戰果，曹劌制止，自己先跑去看看齊軍敗退的狀況：戰車車轍亂七八糟，軍旗東倒西歪，這才下令追擊。魯國獲得了完全的勝利。

曹劌在對戰備的估量上，有他自己的取捨標準。當時的戰爭最根本的是依靠民心和士氣，曹劌準確地預測到：國王對國人好，好吃的好穿的分給大家，其實以國王一人之力，這點好處根本不可能分到每個人，只可能分給國王左右的親信，這個舉措相信能讓這些親信為國出力，但是這些人太少，能否戰勝，效果值得懷疑；祭祀神靈的時候講究誠信，這一措施相信對凝聚人心有好處，但是用來戰勝敵國卻無把握；國家無冤獄，最可以提高民心士氣，增強戰鬥力，是戰爭能夠取勝的決定因素。以上三點都是可信的，但是也只能算是掌握自己的情況，憑這些和敵人打仗，能否取勝值得懷疑，最終還得講究戰略戰術，在敵人士氣最低落的時候發動攻擊；戰鬥取得勝利，但是這個表面現象也不可相信，齊國是個大國，是不是背後還有什麼詭計呢？一定要看到他們真正的敗退才可以確定。曹劌層層思考，步步小心，大膽懷疑，小心取證，最終贏得了勝利。

曹劌在考慮問題時候，腦子始終不是一根弦，他經常看到事物的全局，一面看到事物的可信可靠的地方，一面又能提出懷疑的理由，一面在可信處疑，一面在可疑處信，這場戰爭的勝利，自然就在意料之中了。

假如曹劌僅僅從齊國兵強馬壯，魯國國力兵力遠不如人進行戰爭勝負的判斷，那麼他就把魯國一個國家作為成本輸得一乾二淨；如果他不依據齊國軍隊的實際情況制定戰鬥策略，盲目死拚亂戰，那麼他將把魯國軍隊作為成本輸給齊國的馬蹄之下。

信有據，疑無憑，讓曹劌以最低的成本獲得了戰爭的勝利。

* * *

有時候真相與假象極其相似，並且一起出現在我們的面前，讓我們要解決的問題變得撲朔迷離。這時候，我們相信和懷疑只在兩可之間，如何相信，如何起疑，就大有講究了。你相信其有的根據，可能是假象，你懷疑其無的根據，也可能是虛擬的。

信與不信，都可能增大我們做人做事的成本。在考驗我們能不能低成本做人做事的時候，就取決於我們判斷和辨別現有資訊的能力。我們要知道哪些是真實的情況，哪些是對手為了迷惑我們，偽裝成真實情況的假資訊。

這裡所說的假資訊，是對手依據我們的判斷習慣而設置的，目的就是讓我們採取錯誤的行動，使他們在我們的錯誤中達到他們想要的目的。對手為了誤導我們而故意製造或者設置的假象，表面看來也許並不可疑，卻誘導我們走向反面，如果我們相信了他的合理之處，把它當作判斷的憑據，那就會失去正常的判斷，在相信和懷疑之中，找不到做出結論的標準。

三國時候，司馬懿在勝券在握的時候，就是因為自己相信了假資訊，錯過了徹底消滅諸葛亮的絕佳機會，損失不可謂不大，無形中增加了剿滅蜀國的成本。

蜀國丞相諸葛亮帶兵進攻魏國，與魏國司馬懿在隴右交戰。諸葛亮因為錯用馬謖失守軍事要地街亭，一下子使優勢化為劣勢，處於相當被動的境地。正當諸葛亮為了挽回劣勢再一次部署的時候，派光了手下所有能戰的部隊，只留三千老弱殘兵駐紮於陽平城中。忽然聽到司馬懿率十五萬大軍來攻城的消息。三千對十五萬，明顯強弱不敵，戰則必敗，那麼可以退嗎？

如果敗退，第一，等於主動提供了讓司馬懿確信自己兵力不足的證據；第二，司馬懿瞭解真相，消除疑慮，就一定會主動追擊，那就不會是簡單的一場戰鬥失敗的問題。

這時的諸葛亮陷入一個難題，既不能戰，又不能退。唯一的辦法只能讓司馬懿知難而退，這就需要給他必須要退的理由，並且讓他確信退得有理的理由。製造這個理由，就必須把有據和無憑都交給司馬懿，自己一反常規出牌，把自己的底牌扣下而且連手下人都不知道是什麼。

司馬懿也是一個信有據疑無憑的高手，真相與假象在他的眼前很難蒙混過關。但是諸葛亮把任何憑據都隱藏起來了，而且製造出許多在常規戰爭中不可能出現的假象，讓他只能根據諸葛亮本人以往出牌的習慣來判斷。

這兩位軍事家在這場較量中，就有點像賭場上的比大小，沒有賭博習慣的諸葛亮手裏的牌最小，卻押上了自己最大的家產，還神安氣定地誘惑大牌在握的司馬懿下大賭注，彷彿司馬懿一賭就能輸一個傾家蕩產。

司馬懿帶兵來到城下，只見城門大開，幾個老兵打掃街道，城內一點動靜都沒有。諸葛亮和書童穩坐城樓，彈琴吟曲，視司馬懿精兵強將如無物。

面對這樣的情況，司馬懿在短時間內進行資訊搜索、整理：

一、這是你死我活的戰場，對方的靈魂人物在此，沒有任何保護措施，似乎自己伸手可得。對方在任何情況下，都不會自己變成一塊肉送到他的嘴邊。大開四門是歡迎自己親人的做法，但他是想要對手性命的敵人而不是親人。這種做法不合常理，打仗也沒有這樣的打法。

二、諸葛亮是一個謹小慎微的人，從來不賭，從來不做賠本的買賣。諸葛亮打仗都贏習慣了，打個平手他都會不開心，等著失敗不是他的風格。假如這是一座空城，他把空城的門再打開，讓自己不費吹灰之力抓住對手的靈魂人物，天底下不會有這麼好的事情。

三、諸葛亮出兵打仗的目的，就是不惜一切代價來消滅他司馬懿，而不是被司馬懿消滅。他總是用別人無法猜到的辦法讓對手損兵折將。在自己來奪城的情況下他不守城，反而把自己暴露在對手的槍口之下等死，誰傻也傻不到這個地步，更何況是諸葛亮。

四、從諸葛亮的表情和琴聲之中，一切都昭示著諸葛亮有必勝的把握，他把誘餌擺出來，似乎只等著司馬懿這條大魚上鉤。只要他司馬懿進入城中，就來一個甕中抓鱉！

司馬懿綜合種種情況，覺得諸葛亮就是明擺著詐他，這個連三歲孩子都能看得出來的把戲。於是信其有，不信其無，命令大軍撤退。

司馬懿吃虧了，虧就虧在他對信有據疑無憑上沒有把握好。他所有撤兵的依據，完全是他個人假想出來的，並且合情合理，但事實上並不存在。他沒有分析諸葛亮失守街亭之後種種被動形勢，也沒有派人進城偵察一下，也沒有放幾箭射一下諸葛亮，進而證實城裏是虛是實。這些才是決定他是否撤兵的依據，而不是靠他憑空猜測。

司馬懿沒有相信真實的依據，相信了許多沒有任何依據的想像，中了諸葛亮空城之計，失去了消滅諸葛亮的絕佳機會。

司馬懿沒有抓住機會消滅諸葛亮，使魏軍在滅蜀的過程中付出了巨大的代價，增加了本來就不應該增加的成本。

人生當中決定我們命運的機會並不多，在我們的人生轉捩點時，機會與風險可能同時擺在我們面前，這就是對我們判斷能力的一次考驗。這時候，我們一定要相信有根據的事實，而不要相信沒有任何依據的猜測，進而影響我們正確的判斷和選擇，無故增加我們奮鬥的成本。

* * *

當然，在現實生活當中，在取捨過程中，如果我們有全部的依據是最好不過了，但是很多事實都隱藏在虛假之後，附在冠冕堂皇之上。這種情況下，我們對已經證明可信無疑的部分，就要大膽應用，對存疑的部分，也許還有很多問題沒有解決，還得耐心地透過各種管道來獲得證明。

因為在現實環境中，任何事物都有不同的一面。任何事情不可能是單純的、非黑即白、非此即彼，在現實中，這基本上是不存在的。當我們只使用其中一個方面的話，我們只要證明這一個方面的可用性，它的使用價值，就可以作為使用的理由了。

舉一個例子，楚漢戰爭中，陳平很有能力，他做間諜工作，為劉邦平定天下立了大功。但是當初陳平投奔劉邦的時候，劉邦還打不過項羽，東奔西逃非常狼狽。有一天，魏無知，是陳平的好朋友，也是山西老鄉，現在替劉邦工作，於是把陳平推薦給了劉邦，而且說：陳平很有能力，很能辦事。劉邦跟陳平一談話，發現果然不錯，於是用他做都尉，做保衛工作。劉邦左右的親信不滿意了，說陳平這個人不好，原因有三點：第一，私生活不檢點，跟他嫂子有曖昧關係；第二，政治節操不好，朝秦暮楚，在哪裡都做不久；第三，政治品德也不好，貪污。劉邦一聽就把魏無知叫來，好一頓批評：「你那個老鄉怎麼回事，一身毛病，你就推薦這樣的人給我啊？」魏無知卻回答得很妙：「現在是奪天下的時候，你說陳平的本事怎麼樣？高明不高明？如果很有本事，別的事情還算什麼啊。」劉邦是很有魄力的，一聽有道理，馬上又加封陳平當護軍中尉，相當於中央警政署署長，這下別人無話可說了。

陳平為劉邦服務，在項羽軍中做了大量間諜工作，打下了埋伏。項羽那裡發生什麼情況，劉邦都能及時掌握；而且使用反間計，讓項羽和軍隊高階將領離心離德，這就為劉邦由弱到強，戰勝項羽打下了基礎。

劉邦是有名的從善如流，你陳平有本事，會做間諜工作，這個已經考察過了，我信得過，憑這一點我就用你，為我服務；至於私人品德問題，那個我不管，我也不去查，反正這些小節，跟打天下也沒有多大關係。這就是抓其一點，不及其餘；有用的這一點我用，其他沒有用的不予理會。事實上陳平盜嫂應該是謠言，大概是他的政敵詆毀他的，不可信。司馬遷就不相信這些，在《史記》中，留有伏筆。

客觀事物是複雜的，人也是如此，那些對我們的事業有幫助，已經考察過的，有足夠證據說明值得信任的，就放心大膽用；其他的方面，只要與我們的大方向不構成大的衝突，即使沒有考察過，不瞭解，無法掌握，我們也可以置之不理，擱置一邊。這也是策略運用中，必須注意的。

在一般的公司和部門裏，每天都會聽到很多關於上司以及同事之間的資訊。因為不透明，就難免讓人猜測，也就難免有人議論。

每一條關係公司和部門的消息，都可能涉及到我們自身的利益。這個時候，我們首先要保持冷靜，做到心裏有數，對任何變化都做好最壞的打算，然後不動聲色，靜觀其變。最忌諱的就是衝動，因為衝動肯定會受到懲罰的。

其次，我們對於來自任何管道的消息，都要根據部門或者公司的實際情況，進行辨別、分析，判斷這條消息是真是假，從哪裡得到的，發布這條資訊的人和上司是什麼關係，在部門處於什麼位置。即使是自己最好的朋友告訴自己的，也要保持一半懷疑的心態，不能聽風就是雨，否則就有可能被別人利用或者落入別人的圈套。

但是有一條要保證，不論我們聽到任何消息，要堅持到自己這裡為止，不能再往下傳。作為上司的人，每天所得到關於屬下員工的消息更多。這時上司更需要信有據疑無憑，別把自己手裏的權力被別人拿去作為殺人害人的武器。「來傳是非事，必是是非人。」這一點身為上司的人一定要牢記。

不論我們作為上司還是屬下，一定要學會一半信有據，一半疑無憑。否則我們就會無故增加自己做人的成本，被別人利用或者成為別人的替罪羔羊。

人生就好比萬花筒，在這個萬花筒裏，即使你有一雙慧眼，也總會有霧裏看花、水中望月的時候。無數的變幻，無法確實的測量，無數的紛擾，無法完全的看清。一方面，我們要把可以弄得清楚的情況、資料，作為我們可信的依據，在這個依據上，建立我們做人做事的根本；另一方面，對不懂的、不清楚的，因而視為不可靠的情況、資料，既需要懷疑，也要在此基礎上澄清，儘量利用其中合理的成分，來淘汰不合理的成分。而且要能夠拿得起，放得下，對於不必要的懷疑，可以暫且擱置爭議，一方面限制其可疑的部分，一方面還要應用可用的部分，從而更好更快地實現我們的目標，達到我們的利益最大化。

一半謙功績，一半傲品質

一半謙功績，一半傲品質，可以使我們放下包袱，輕裝上陣；可以使我們減少人事和環境等人為製造的麻煩，減少未來道路上有形和無形的阻力，以最低的成本，進一步取得更大的輝煌成就。

我們都渴望在一個團隊裏能成為領袖的人物，在同行業裏得到同行的認可和尊重，在社會上有屬於自己的位置；這些都是我們作為一個人所夢想的事情。我們要得到這些，就得靠自己努力來建立功績，獲得屬於自己的表演舞台。

人類社會有時候的確像是一個熱鬧的叢林，每個人都在追求更好的生活空間和更大的人生舞台。所以在現實生活中，我們看到的是紛擾和喧嚷，在成功的舞台上，主角不斷的變化，亂哄哄的你才唱完我便登場。

許多人一旦取得一些成績登上屬於自己的舞台，就不可一世，大有一副捨我其誰的架勢，驕傲自滿，頤指氣使，他們根本不知道，自己取得的功績離不開別人的支持，光靠自己的努力是不可能實現的。

我們為了再建立更大的功績，或者保住自己已經擁有的表演舞台，不是靠自己曾經取得的功績，而是靠自己的品質。只有把自己過去的功績看得很淡，以自己的品質和素質為驕傲，才能有更多的人支持自己，並為自己提供更多的表演機會，以便建立更多更大的功績。

古人說：「水無源，其流不遠，木無本，其枝不榮。」在成績面前，不知道謙虛，不知道樹立道德品質的人，最終不能保住他的名位，像無源之水，無本之木，即使付出巨大的成本，也總會黯然失色，最後失去手中所擁有的事物。

成功，不管是成名還是得利，是人們都想要得到的。成功有其表面風光的一面，人們懷著不同的目的會來恭維，說好聽話；但是也有招來忌恨，惹來麻煩的一面。一個人取得成績之後，如果驕傲自滿，被耀眼的光環遮蔽了眼睛，一個不小心，就會被嫉妒的暗箭射中；如果故步自封，遲早會不適合形勢發展的需要，被他人取而代之。長江後浪推前浪，前浪死在沙灘上。如此的悲劇，舉不勝舉。

而聰明的人，就是在已經取得的成就面前，保持一顆平常心，保持謙虛的態度，不在乎自己已經取得的功績，而要看重自己做人的品質。把自己的品質放在第一位，以人格魅力去獲得別人真正的尊重。

功績，縱使它當初如何的顯赫，也已經屬於昨天，只能代表過去。太陽每天都要升起，我們每天面對的也都是新的生活。在已經取得的功績面前，保持謙遜的態度，不把過去的功績當作是自己吃一輩子的資本，也不能讓它成為今後的包袱。

未來永遠是不可知的，總有新情況、新問題的出現。過去的功績，只能為解決這些問題提供借鑒，卻不可能直接用來對付新的事態。而唯一值得依賴的，還是我們個人的品質。擁有良好的品質，和處理重要事情處變不驚的素養，才能獲得更多人的支持，兵來將擋，水來土掩，在複雜的社會生活當中，才能永遠立於不敗之地。

一半謙功績，一半傲品質，可以使我們放下包袱，輕裝上陣；可以使我們減少人事和環境等，人為製造的麻煩，減少未來道路上有形和無形的阻力，以最低的成本，進一步取得更大的輝煌成就。

＊　＊　＊

一個人想要發展壯大，僅僅依靠自己的力量是不可能的，必須讓別人相信你，給你機會和發展的空間；同時還要吸引更多的人支持你。別人為什麼能相信和支持你？這些都需要依靠你本身具有高尚的品質。

如果一個人狂妄無比，居功自傲，做出一點成績就忘記了自己是誰，像一隻螃蟹一樣橫行，這樣的人遲早會眾叛親離，垮台只是早晚的事情。

事實上，我們生活中所遇到的任何一個人，不管他的能力大小，地位高低，都有可能成為影響自己發展的因素。因此，不管我們曾經做出過什麼樣的功績，都不能躺在功勞簿上，居功自傲，而要重視自己獨立的人格，看重自己的品質，時時放低姿態，對別人謙虛。這樣就可以事先掃除自己發展道路上的障礙，為自己留下一個發展的空間，降低做人的成本。

功績不可靠，因為一個人無論有多大的功績，那只是過去獲得的，而一個人不能生活在回憶裏。別人怎麼看待我們，未來我們發展到什麼地步，關鍵的還取決於現在我們在做些什麼。如果因為有了一些功績，就驕傲起來，將有可能招致同事的嫉妒，甚至還可能引起上司的猜忌。同事嫉妒，眼下的工作可能就有障礙，無法順利開展；而上司的猜忌，會限制我們的發展空間，如果又有人不斷的打你的小報告，那問題可能就更加嚴重了。

相反，如果我們取得功績之後，能夠繼續保持自己優良的品德，謙虛一點，低調一點，以品德來征服人，才能贏得別人的尊重，獲得更多更好的發展的機會。

退一步說，一些功績的取得，不可能只是哪一個人的功勞，即使他的作用非常突出，他也不可能把所有的工作做完。個人的力量再強，在社會中，也不過是大海之一滴。低成本做人，就要善於利用團體的力量，大家共同承擔成本，這樣就降低了個人所負擔的風險，做到個人利益的最大化，成本的最優化。

梁山一百零八條好漢，合起來是一個了不起的力量，能做出許多驚天動地的大事，如果單獨靠一個人的力量，也做不出什麼偉大的成績。

林沖，八十萬禁軍教頭，本領高強，很了不起了，如果依靠個人奮鬥，什麼結果呢？老婆被人搶了，工作被炒了魷魚，連個人的生命安全都遇到危險。

武松，赤手空拳，打死了許多人圍攻而不得的猛虎，是一條好漢，但是單槍匹馬奮鬥，屢次遇到不可迴避的難題，屢次被人陷害，差點丟了性命。

林沖和武松，都是梁山好漢中的佼佼者，他們在梁山這個大團體中，取得了輝煌的功績，但是這些功績的取得，卻並不是哪一個人的，而是大家的，每個人都為這個功績做出了貢獻。而且，僅僅是有能力，能做大事，並不足以表率群雄，最重要的還是依靠內在的品質。

比如梁山這個團隊，它依靠義氣結合在一起，這個義氣也就是他們的行為規範，是必須擁有的品質。林沖和武松，都有了不起的功績，但是僅僅有功績並不足以成為梁山的領袖。梁山的領袖是宋江。

比較起來，宋江沒有林沖和武松的高強武功，但是他卻依靠自己的威望，贏得了所有梁山好漢的信任和愛戴，成為梁山理所當然的領袖。

成功的過程，好像是煉金過程。無數的金砂被淘漉，被篩選，最終被留下的不是塊頭最大的，也不是數量最多的，而是品質最好的。

我們生活中所見到的領導人物，大多數沉穩低調，保持著謙虛的心態。他們在成功面前，絲毫不會自負和驕傲，而總是把成功說成是公司所有人的奮鬥。

實際上，功績是明擺著的，誰也奪不走。謙虛的人，把自己的功勞分給別人，得到了眾人的欽佩，獲得了更高的榮譽和地位；而驕傲無知的人，把功績當成自己的，沾沾自喜，最終可能什麼也得不到。

現實生活中，得到最多的人，不一定是做得最多的人，而是把自己身段放得最低的人，是那些依靠自己良好品質，取得大眾信任的人。

一個人，能做出什麼樣的事情，得到什麼功績，不一定就是我們最大的財富。以高尚的品質，取得別人無條件的信任和支持，就是我們真正的財富，也就是我們真正可以引以為傲的資本。

＊　＊　＊

任何功績，無論是多麼耀眼和偉大，也都不過是身外之物，任何人都不可獨佔；而擁有了優秀的品質，才會成為我們內在的東西，沒有人可以奪走。

而且功績以及由此帶來的名和利，是任何人都想佔有的，如果在功績面前，有一點點依賴和驕傲，都有可能成為別人的箭靶，給自己帶來不測之禍，只有保持謙遜的美德，才能避免功績帶給我們的各種負面影響，以最低的成本保全自己，遠離別人的陷害和嫉妒。

所以不管我們取得多大的功績，都不要把它當成可以為所欲為的資本，而要認清利害形勢，低姿態做人。低姿態，能給我們帶來低成本，不至於成為生活舞台上匆匆擦身而過的配角，而成為永遠立於不敗之地的主角。

年羹堯是雍正皇帝的心腹，在雍正爭奪皇位的激烈政治鬥爭中，立了大功。他不但非常有政治才能，而且是一員不可多得的優秀將領。

一七二三年，蒙古貴族羅卜藏丹津脅迫蒙古諸部，在青海叛亂。當時，準噶爾部的叛亂剛剛平息，西部邊疆的形勢十分危急。剛即位的雍正皇帝，面臨內憂外患，他急忙命年羹堯接任撫遠大將軍，駐西寧坐鎮指揮平叛。

年羹堯接到任命，立即行動起來。他制訂了「分道深入，搗其巢穴」的用兵方略。各路兵馬遂頂風冒雪、晝夜兼進，迅猛地橫掃敵軍盤踞的要地。在突如其來的進攻面前，叛軍丟盔棄甲，毫無抵抗之力，立即土崩瓦解。羅卜藏丹津只率領不到三百名殘兵倉皇出逃，清軍追擊至烏蘭伯克地方，擒獲羅卜藏丹津之母和另一叛軍頭目吹拉克諾木齊，盡獲其人畜部眾。羅卜藏丹津本人因為化裝成婦人而得以逃脫，投奔準噶爾部。這次戰役歷時短短的十五天，大軍縱橫千里，以迅雷不及掩耳之勢橫掃敵營，犁庭掃穴，大獲全勝。年羹堯立下了輝煌的戰功，年大將軍的名號，從此震懾西疆，名動朝野。

年羹堯一戰勝利，為雍正皇帝初年政局的穩定，奠定了基礎。雍正大喜過望，給了年羹堯特殊的榮寵。許多善於鑽營拍馬之徒見年羹堯權勢炙手可熱，也紛紛奔走其門。年羹堯被眼前的功績沖昏了頭腦，驕傲了起來，他做了三件不可原諒的事情。

一、驕傲自滿，作威作福。年羹堯自恃功高，驕橫跋扈之風日甚一日。他在官場往來中趾高氣揚、氣勢凌人。贈送給屬下官員物品，「令北向叩頭謝恩」；發給總督、將軍的文書，本屬平行公文，卻擅稱「令諭」，把同官視為下屬；甚至朝廷派來的御前侍衛和蒙古紮薩克郡王額附阿寶見他也要行跪拜禮。

二、營私舞弊，任用私人。文武官員的選任上，凡是年羹堯所保舉之人，吏、兵二部一律優先錄用，號稱「年選」。他還排斥異己，形成了一個以他為首，以陝甘川官員為骨幹，包括其他地區官員在內的小集團。

三、收取賄賂，聚斂財富。雍正朝初年，整頓吏治、懲治貪贓枉法是一項重要改革措施。而在這種節骨眼上，年羹堯貪贓受賄、侵蝕錢糧，累計達數百萬兩之巨。

年羹堯雖然立下了大功，但是居功自傲，胡作非為，引起了雍正皇帝的極度不滿和強烈的猜忌之心。雍正皇帝認為，年羹堯居功自傲，圖謀不軌，動機和目的不單純，開始對他防範，並且剝奪了他的官職，最終賜他自裁。

作為一代名將，年羹堯利用一切可以抓住的機會，建功立業，為清朝的國防做出了巨大貢獻，但是他不知道越是功勞大，越需要謹慎小心，越需要依靠自身的品質，保身保位，鞏固自己的影響力，反而是自恃功勞，妄自尊大，胡作非為，絲毫不知謙遜自保，做出超越自己名分和權位的事情，結果，不但沒有得到想要的東西，最後連自己擁有的東西以及生命也失去了。

人生不是一場賭博，賭一把是一把，勝負都取決於碗中溜溜轉的骰子。人生的輸贏，依靠的是實力和影響力的搏鬥，你所做的任何事，都可能為你加分或者減分，關鍵時候連你自身都是這場賭局中的籌碼。良好的品質，會加重你的分量，增大贏的可能；相反，惡劣的品質，則會降低你的贏面，可能會讓你一敗塗地。

* * *

俗話說：「出頭的椽子先爛。」同樣作為房屋的材料，遮風避雨，其他的椽子都安於本位，不張揚，默默的支撐出一片安穩的空間，唯獨出頭的椽子，非要顯得與眾不同，展現自己，標榜自己，生怕別人不知道它的作用和功績，當然就成了眾矢之的，落得可悲的下場。

其實，出頭的椽子，如果品質夠硬，經得起風吹雨打也好啊，可惜沒有金剛鑽，偏攬瓷器活，在這種情況下，你不爛誰爛？不犧牲你犧牲誰？

許多公司經常會有這樣的情況，在一個階層中，成績最好的往往最容易出事，有的不得已跳槽轉行，有的剛剛露出被提拔，立即就有無數舉報信的出現，一查馬上出問題，最終一輩子屈身下士。這些人，平時成績不錯，但是升職與加薪往往沒有他們的份。倒是另外一些人，平時默默無聞的工作，不顯功績，不跨能力，但是每次有好事情，許多比他更引人注目的人都輪不到，但總能輪到他。

有的人，有了一些成績，往往就不知道自己姓什麼了，恨不得把功勞都攬到自己的身上，見人就說自己，把自己放在第一位，最終沒有人願意和他共事，上司也不願意提拔這樣的人，而且人見人嫌，把自己置於大眾的對立面。自私要有限度，驕傲要分時間場合。驕傲不是你的錯，不分時間地點的亂炫耀，就是你的不是了。

有的人本事大脾氣也大，功勞多麻煩也多，能夠擔當大事，但要是去查他的問題，一查更是一籮筐。這樣的人，上司在關鍵時刻也許會選擇用他，但是三條腿的駱駝不好找，兩條腿的人才到處是，上司也不一定非要用你，再說，即使一時出於某種需要用了你，時過境遷，此一時也，彼一時也，他也可以來個裝糊塗不認帳，最終這樣的人在激烈的競爭中，也不一定能佔到上風，即使一時能夠取得成功，也是要付出很大的成本。

有的人能耐不大，脾氣不小。凡事要是指派給他做，難度稍微小一點，他馬馬虎虎還可以應付，難度一旦加大，他就不能勝任。凡是有好事，他都想插一嘴，分一杯羹，分不到還背後說閒話，嘀嘀咕咕。小事不想幹，大事又幹不了；大錯不犯，小錯不斷，這樣的人出於平衡或者妥協還可以任用，但是終究不能重用。

還有的人，要說建立什麼功績，關鍵時候靠他是沒有辦法；但是要說老實守規矩，行為規範做大家的榜樣，他是可以的。這樣的人工作能夠兢兢業業，老實本分，安分守己，提高內部的團結，保持部門的穩定，就是守成有餘，開創不足，可以成為一個公司的模範員工，但是不能用來做大事。

任何公司和部門，最終脫穎而出的，是這樣子的人，有本事，能耐大，點子多，關鍵時刻能挺身而出，把事情辦得乾淨利落。一個人有本事，不是靠吹出來的，是用事實說話，有功績為證。這種人，關鍵時刻能夠處理事情，不爭功，不炫耀自己，在功績面前保持謙和的態度，同時個人品質方面無可挑剔，沒有可以拿來成為別人攻擊的箭靶。有功績，這是硬實力，品質好，這是軟實力。硬實力擺在面前，人人無話可說，軟實力，又可以爭取輿論的支持，即使別人嫉妒也無處可找，無把柄可抓。這樣的人，必將成為人生舞台上，保持地位時間最久的主角，和最終的勝利者。

世界無時不在變化，一時的禍福未必可憑，一時的勝敗也不足論英雄。俗話說：「十年河東，十年河西。」多少風雲人物，在時間的長河中，往往只能留下匆促的背影，各領風流沒幾年，因為，經過時間的沖刷，功績或不可滅，而品質卻分高低，能以最低成本，保持最長久影響力的人，才會成為最後的英雄，而這個勝出英雄，也必然會是品質足以驕傲，而功績足可流傳的人物。

一半儉生活，一半奢捐助

駕馭錢是做人的一種成本，被錢駕馭也是做人的一種成本。能駕馭錢，會使錢用在有用的地方去，進而還會產生很多錢，人生是一個不斷增值的過程；被錢駕馭，只會使錢花在沒必要花的地方，進而會產生很多罪惡，人生是一個不斷貶值的過程。

網路上曾經流傳這樣一段話：等我有了錢，買包子買兩個，吃一個，扔一個；買豆漿買兩碗，喝一碗，倒一碗；買賓士買兩輛，開一輛，拖一輛；買別墅買兩間，住一間，拆一間。

這雖然是網路上的一段話，我們可以看完哈哈一笑了之。但是，這也是現實生活中的一些人夢想有錢以後的心態。這些人有錢了不一定買包子買兩個，吃一個扔一個；但是如果是找女人，找幾個扔幾個還是做得出來的，一切行為都是按大爺脾氣主義執行。

有這樣心態的人不一定能有錢，即使某一天不小心真的有錢了，那麼他只能是在他的一生中曾經有錢過。他從窮人變成有錢人，最終還是要回到窮人的位置上去的。

為什麼會這樣？這就是真正的窮人與真正富人的區別所在—真正的窮人會花錢，真正的富人會用錢。很多人都能做到發現財富、得到財富，但是更合理地駕馭財富，就不是一般人都能做到的了。

把錢賺到手，再把錢花出去，是一個簡單而又複雜的事情。這個事情誰都會做，但並不是每個人都能做得好。做人的成本高低，在其花錢和用錢上就能徹底地體現出來。

當然，錢只要是自己的，怎麼花都是自己的事情，誰也沒有權利干涉。但是，錢是有力量的，一旦把它驅動起來，它就會產生作用力與反作用力。作用力可能改變你花錢的目標，反作用力就可能改變你自己。

同樣對錢發生什麼樣的作用，也是有錢後做人的一個姿態。有的人做人成本比較高，有的人做人成本比較低，特別是在一個人有錢之後。有錢是好事，但是因為有錢而使做人的成本無限地增加，這個人離真正窮人的窮日子也就不遠了，或者說離自己毀滅的日子不遠了。

因為做人的姿態不同，計算做人成本的方式不同，或者有的人乾脆不考慮做人的成本，認為只要自己有了錢就有了力量—征服一切的力量，就可以隨心所欲地按照自己的意願、喜好去做人做事。

我們拚命地賺錢，是為了生活品質的提高，感覺上的幸福，絕對不是想自己有了錢以後讓錢把自己毀掉，所以一定要計算我們有錢後的做人成本，盡可能的降低成本，才會讓我們一生富有。財富對我們個人、對社會才能發揮其更大的功效。

我們沒錢的時候要計算做人的成本賺錢，有錢的時候更要計算做人的成本用錢，把錢用到該用的地方去，否則我們就有可能被金錢的魔鬼變成奴隸供其驅使。這時金錢也真正成了我們自殺的武器，絞死我們的絞刑架。

當我們有錢了是以什麼為指導去計算我們做人的成本呢？很簡單，那就是我們一半自己生活要節儉，一半對別人的捐助要奢侈，不吝嗇。這樣做的原因只有一個，那就是我們在這個社會上生活，我們所有的財富都是來自於社會。對有錢人來說，這個社會如何，就決定他生活品質的如何，人生價值體現的如何。

* * *

中國有句話叫做：「富不過三代」，我們身邊這樣的例子也屢見不鮮，富有甭說三代，幾乎就是十幾年的事情。

這是為什麼呢？因為第一代人往往是從貧困中走出來的，他們知道生活的艱困，知道成功的不易，所以處處小心謹慎，時時計算做人的成本，不會去貪圖享樂而忘乎所以。而他們的下一代，自小就在蜜罐子裏長大，早已被富貴的生活浸淫了他們的頭腦，根本不計算做人做事的成本，只知道為所欲為，所以最終將家產敗個精光，成為一個徹底的窮光蛋。

我們都知道在國外社會的許多有錢人，都將自己的大部分財產捐獻給慈善機構，而只留下很少的財產給自己的子孫後代。他們為什麼這麼做呢？是因為他們不愛自己的兒女嗎？不，正是因為他們愛自己的子女，所以才這麼做。他們不希望自己的子女不會計算做人的成本，以免子女們把他們整個人生因為富有而賠送掉。

其實這個道理，不僅對後代子孫適用，對於第一代人也同樣適用。俗話說得好：

「生於憂患，死於安樂。」只有艱苦的生活才能磨練一個人的意志，而舒適的生活則是葬送英雄的墳墓。如果一個人有錢之後，就開始忘乎所以，沉迷於物質享受之中，那他的意志力和進取精神也就會慢慢地被消磨掉。逆水行舟，不進則退。恐怕還等不到他的子孫來敗光他的產業，自己就先走向了失敗的深淵。

而且，一個炫耀自己財富的人，往往也會為自己樹立眾多的敵人。俗話說：「匹夫無罪，懷璧其罪。」你有著萬貫家財，自然就會引來別人的眼紅、嫉妒和覬覦。一旦稍有不慎，就會陷入萬劫不復。

大家應該聽過「石崇鬥富」的故事。石崇是西晉時人，擔任著散騎常侍的職務，他的家裏非常有錢。當時在京都洛陽，還有兩個和他齊名的大富翁。一個是掌管禁衛軍的中護軍羊琇，一個是晉武帝的舅父、後將軍王愷。羊琇、王愷都是外戚，他們的權勢比石崇大得多，但是在財富方面卻比不上石崇。

鬥富主要發生在王愷和石崇之間。王愷用糖水刷鍋，石崇就用蠟燭當柴燒。王愷在大路兩旁鋪了四十里的紫絲屏障，石崇就鋪了五十里的彩緞，比王愷的屏障更長更豪華。王愷心裏不甘心，向外甥晉武帝請求幫忙，武帝就把宮裏收藏的一株兩尺多高的珊瑚樹賜給了王愷，好讓王愷在眾人面前誇耀一番。

這天，王愷特地邀請石崇和一批官員在他家吃飯，宴席上，他拿出了那株珊瑚樹，果然是稀世珍寶，大家看了都讚不絕口。王愷正在得意時，誰料到石崇拿起一支鐵如意就砸了過去，當即把珊瑚樹砸得粉碎。王愷頓時又驚又怒，責問石崇。石崇卻讓家人搬來了幾十株珊瑚樹。這些珊瑚中，三、四尺高的就有六、七株，大的竟比王愷的珊瑚樹高出一倍。株株條幹挺秀，光彩奪目。至於像王愷家那樣的珊瑚，那就更多了。

自從那之後，王愷才知道石崇家的財富比他不知多出多少倍，只好認輸。

除了這個故事之外，石崇顯富的故事還有很多很多。比如說，他們家的廁所都是用綾羅綢緞圍著的，旁邊服侍的婢女有十幾個，初次進去的人還以為這不是廁所而是臥室。再比如說，石崇每次大宴賓客都會派婢女勸酒，如果客人不飲酒就砍下婢女的腦袋。種種窮奢極欲，不一而足。

石崇如此的奢華，自然就引起了他人的覬覦。他有一個寵妾叫做綠珠，非常的美貌。石崇為她修建金谷園，築百丈高樓，令綠珠豔名遠播。有個叫孫秀的，是趙王司馬倫的心腹部下，聽說了這件事，就向石崇索要綠珠，石崇自然不肯，孫秀就砍掉了他的腦袋，沒收了他的家產。據說，石崇臨死之前曾歎息道：「這些兔崽子們，是看中了我的財產啊。」一旁邊的劊子手回答說：「你既然知道，為什麼不早點散個乾淨？」石崇不能回答。

不錯，為什麼不早點散個乾淨呢？

石崇忘記了，他的財富並不是正當得來的，而是透過巧取豪奪得來的，是不義之財。財富本身就容易招惹禍患，不義之財更容易引起別人的嫉妒，而他不僅不知道收斂，反而大肆的誇耀，真的是老壽星吃砒霜，活得不耐煩了。

相反，如果石崇不是將這些財產全部拿來滿足自己的私慾，而是奉獻出一部分來做善事或者獻給朝廷，為自己贏得了聲望，那麼，孫秀敢冒天下之大不違對他下手嗎？恐怕奉承他都怕來不及！比起身敗名裂，家產全失，這一進一出，相差何止是天壤之別？退一步說，就算他真的被砍了腦袋，那留給後世的也必然只是一個善名而不是一個罵名。

石崇真的是太不會做人了！他為此而付出的代價也實在是太大了。

有人也許會說，石崇只是一個特例。我們所賺的錢，是透過我們自己的努力所賺來的清白錢，該怎麼花，該怎麼享受是我們的權力，別人無權干涉。這話對嗎？也對。可是，有幾件事情請別忘記了。

第一，你的錢是從哪裡來的？是從整個社會上賺來的。沒有這個社會，你就不可能賺到這筆錢。因此，如果你不把錢反饋給社會，首要的一條就是，你是個很缺乏社會責任感的人。而一個缺乏社會責任感的人，是很難得到社會的接受和歡迎的。

前一段時間，在東南亞發生過許多當地居民驅趕華商焚燒店鋪的事情。這種事情的發生，當然有著許多的原因，但其中有一個很大的原因就是，華商往往認為，我有錢是我的事，和別人又有什麼關係？因此，他們不關心當地的社區建設，也不願意去資助和幫助別人，嚴重缺乏社會的責任感，因此在當地居民中造成了極為不好的印象，很受當地社會的排斥。所以，一旦產生矛盾，他們就成為了眾矢之的。

第二，現在這個社會，貧富差距越來越大，你有錢了，並不代表別人也有錢。有句話說：「不患寡而患不均」。這句話，代表著人心理上一個很奇怪的現象。當大家都陷於貧窮的時候，沒有人會覺得不滿。然而，在一群窮人之間如果出現了一個富人，那就成了另類。如果這個富人慷慨大方，那他就會受到尊重。如果這個富人不僅不大方，反而窮奢極欲，貪圖享受，那他就會被看成是一個為富不仁的人。這樣的一個人，將會面臨什麼樣的後果，相信大家是很清楚的。

第三，請為自己的孩子考慮。孩子們一向是以父母為自己的學習榜樣的，一個習慣於享受奢華生活的父母，肯定會培養出一個同樣習慣奢華生活的孩子。由儉入奢易，由奢入儉難。這樣一個在溫室中長大的孩子，吃不得苦，受不了罪，將來如何面對社會上的種種困難？

* * *

那麼有了錢之後，又該做些什麼呢？美國著名的石油大王洛克菲勒一生的經歷，也許正可為我們作個借鑒。

洛克菲勒出生在一個貧苦的猶太人家庭，深受父親影響的他自小就把賺錢當作了自己一生的志向。經過了數十年的艱苦奮鬥之後，他不僅創建了聞名遐邇的標準石油公司，自己也累積了大量的財富，獲得了巨大的成功。

可是，在這個成功的背後，洛克菲勒也付出了慘重的代價。

首先，長期的辛勤工作，不僅摧毀了洛克菲勒的身體，同時也摧毀了洛克菲勒的生活。到了他五十三歲的時候，疾病纏身，骨瘦如柴，醫生向他宣告了一個殘酷的事實：他必須在金錢、煩惱、生命三者中選擇一個。這個時候，洛克菲勒才發現，除了賺錢之外，自己竟然不知道還有什麼其他的生活目標。

其次，在財富的累積過程中，洛克菲勒同時也得罪了不少人。他的吞併壟斷，導致許多小企業主家破人亡，美國也因此而通過了《反托拉斯法》；油田地帶的居民對他恨之入骨，做了他的木偶像，然後將那木偶像處以絞刑；無數充滿憎恨和詛咒的威脅信被送進他的辦公室；他的兄弟也不願與他為伍，將兒子的墳墓從洛克菲勒家族的墓園中遷出，說是在洛克菲勒支配的土地上，兒子無法安眠。

萬人所指，眾叛親離，再加上身體也垮了，生活變得沒有了方向，洛克菲勒此時才意識到，金錢並不能代表一切，更不能帶來快樂。洛克菲勒說：「我確信，有大量金錢必然帶來幸福這一假設是錯誤的。極富的人正像我們其他人一樣，假使他們因為有錢而得到快樂，它必然來自能做一些使自己以外的某些人滿意的事。」

正是因為有了這一醒悟，洛克菲勒不再為追逐金錢而忙碌，學著去打高爾夫球，去劇院看戲劇，還常常跟鄰居閒聊，過著一種與世無爭、簡單的生活。而他的生活目標，也就全部投放到了慈善事業上。在幫助他人的過程中，洛克菲勒享受到了以前從未享受過的快樂。

當洛克菲勒最初捐獻自己的巨額財產時，幾乎沒有人要接受，說那是骯髒的錢。但透過他的努力，人們慢慢地相信了他的誠意。他一生至少賺進了十億美元，捐出的就有七·五億。從這以後，人們開始用另外一種眼光看他。在他死後，報紙上紛紛把他說成樂善好施的大慈善家，隻字不提以前的那個殘忍的托拉斯大王。無論是什麼樣的政治家，包括那些和他有過節的人，無不對他大加讚揚。有位檢察官說：「除了我們敬愛的總統，他堪稱我國最偉大的公民。是他用財富創造了知識，世界因為有了他而變得更加美好，這位世界首席公民將永垂青史。」

這位檢察官說對了。時至今日，我們再談論洛克菲勒，除了羨慕他的成就之外，同時也對他的為人表示出了極大的敬佩。人們談論的是一個傳奇，一個神話，而不是一個為富不仁的守財奴。

我們反過來再思考一下，如果洛克菲勒沒有這個醒悟，不去做這個慈善事業，他的結局又將是怎麼樣的呢？

首先，對於他個人來說，他的人生必將失去目標，身體也必然會被拖垮。對於洛克菲勒來說，他之前的人生目標就是賺取更多的錢，這個目標促使他奮鬥至今。然而，處在他那個地位，金錢對於他來說已經失去了存在的意義，十萬與百萬之間的差別也不過是在數字後面多了一個零罷了。就算他能賺取更多的錢，也無法給他帶來更多精神上的享受。也就是說，他的人生目標事實上已經失去了。我們要知道，一個已經習慣了工作的人，習慣了為某個目標而奮鬥的人，如果他失去了他的奮鬥目標，那麼他的精神和身體很快就會垮下來。這就像綳緊了的弦，一旦鬆弛，就再也回不來了。他必須尋找一個新的生活目標，更高的精神享受。而這個精神享受，只有在幫助他人的快樂之中才能得到。

其次，對於他的名譽來說，將永遠也擺脫不了那個殘忍的石油大王形象。一個人奮鬥了一輩子，卻留下這麼一個形象，相信是任何人都不願意看到的。哪怕是窮兇極惡之人，也會為自己披上一層聖潔的外衣。而自己的良心，也將會遭受到痛苦的煎熬，一輩子都生活在悔恨之中。

再來，對於他的事業來說，恐怕也很難維持得下去。一個為富不仁的老闆，一個巧取豪奪的企業，對於他的員工來說，能有多少向心力？對於他的商業夥伴來說，又有多少信任度？對於整個社會來說，又能有多少的接受度？這樣的企業，也許能輝煌一時，卻不可能輝煌一世。

洛克菲勒的前半生為金錢迷失了方向，後半生散盡千金，才找回生活的正道。他成功了，他不僅挽回了自己的名譽，提高了形象，延續了自己的事業，而且獲得了用金錢買不到的安寧、快樂、健康和長壽，以及別人的尊敬和愛戴。

每個人都希望有錢，但達到什麼樣的程度才算夠？有多少錢才算有錢？錢的本質是什麼？不過是代表著價值而本身不具有任何價值的東西。當你的物質生活要求已經滿足之後，你的快樂來自賺錢的過程和把錢用到別的地方產生價值的快樂。如果你只在乎得到多少錢、擁有多少錢的話，你不過是一個為賺錢而賺錢、為花錢而花錢的工具而已。

沒有人願意做一個單純的賺錢機器。我們應該明白，我們賺錢的目的是什麼？是為了享受更好的生活，獲得更高的精神享受，沒有必要去當一個守財奴。

我們還要明白，我們賺來的錢是來自於社會，就應該回饋給社會。這樣做，既有利於自身的安全，心靈的安定，精神的快樂，也有利於自己形象的提高，企業的發展，更能獲得用金錢所換取不到的尊敬和愛戴。

駕馭錢是做人的一種成本，被錢駕馭也是做人的一種成本。能駕馭錢，會使錢用在有用的地方去，進而還會產生很多錢，人生是一個不斷增值的過程；被錢駕馭，只會使錢花在沒必要花的地方，進而會產生很多罪惡，人生是一個不斷貶值的過程。

* * *

每個人追逐財富的最初目的都是為了改善自己的物質生活水平，但遺憾的是，許多人卻將這個最初目的變成了最終目標。用錢來滾錢，直至賺取更多的錢。這樣的方法，用在生意場上適用，用在人生當中卻是虧本的買賣。

錢，是永遠賺不完的。人，不能成為金錢的奴隸。身體的健康，心靈的平靜，自由的生活，他人的尊敬，這些都是用錢買不到的東西，卻比金錢有著更高的價值。做人的成本，永遠都是先算好了再決定去做什麼，怎麼去做。用最低的成本，換取最大的人生利益，那才是我們真正追求的人生。

我們在貧窮的時候，可以勇敢地去追求財富。但在富裕之後，卻不要靠金錢的力量突破自己做人的底線。在物質生活條件上要求低一點，可使我們的靈魂得到淨化，對人生的方向做到正確的把握。把精神生活的標準提高一點，讓自己的人生更幸福、更快樂、更充實、更富有意義。

金錢，只是一個工具，一個能夠滿足我們需要的工具，卻絕不是我們人生的最終追求目標。恰當地使用金錢，讓多餘的財富回饋到整個社會，發揮它應有的、更大的作用，讓我們的人生因此而變得燦爛起來，這才是我們追求金錢的目的。

沒有錢的生活是可怕的，但成為錢奴的生活卻是更可怕的。我們要自己主宰金錢，而不能讓金錢來主宰自己。

一半恩有度，一半威有方

中國人講究中庸，所謂的中庸，就是執中能用，不走極端。恩也有度，威也有方。這是我們低成本做人的一個準則。

中國有句古話，叫做：「升米恩，斗米仇」。意思就是說，在別人窘迫的時候，給他一升米救急，是對他的恩情，他會感激不盡，但如果給他一斗米，就會成為你的仇人。為什麼呢？因為對方就會在想：既然你能給我一斗米，那證明你必然非常富裕，既然如此，那你為什麼不能多給一點呢？

在人性的弱點裏，有一個顯著的弱點，那就是每個人無論對什麼事情，一旦適應並成為習慣，就會隨之產生習慣性的判斷思維，不論這種思維是好的還是壞的。譬如，接受別人的幫助應該心存感激是天經地義的，但是一個人經常接受另一個人的幫助，也習慣了接受那個人的幫助，那麼他就認為那個人幫助自己是理所當然的事情，有一天如果有一件事情沒有幫助他，反而會覺得不正常了。那時他就會忘記那個人曾經幫助自己做過的所有事情，而對這一件沒有幫助他的事情耿耿於懷，甚至翻臉不認人，恩將仇報。

生活中最明顯的例子就是父母對待子女。父母因為愛護孩子，而孩子小，生活還不能自理，把幫助孩子做任何事情，都認為是理所當然而自己又非常快樂的事情，在不知不覺中會溺愛自己的孩子，把孩子生活中的一切都承包下來。等到孩子長大了之後，他們也就已經習慣了父母為他所做的一切，不僅不把這視為恩情，反而認為這是父母應當做的。因此，一旦父母不願意或者沒有能力再幫助他們，孩子就很容易翻臉不認人。現代社會中出現的「啃老族」、「不孝子」，不都是這樣的情形嗎？

所以說，我們在日常生活中，做人做事的時候，是需要把握好分寸的。對人太好了不行，太壞了也不行。要做到恩有度，威有方，恩威並施。

所謂的恩，指的就是恩情、恩惠、恩義。人與人之間的關係，往往就是從這裡開始的。父母有養育之恩，老師有教導之恩，上司有知遇之恩，朋友有幫助之恩……有了恩情，才能形成比較親近緊密的關係，也就能互相幫助，共同進步發展。沒有恩情，不過是陌生人而已，不值得為對方而多付出。

然而僅僅只有恩情是不夠的，還必須要有威嚴。威是什麼？是制約、是懲罰、是威嚴。人的本性都是貪婪的，得一望十，得十望百，永無止境。而要制止人類的這種貪婪本性，就必須讓他們知道，過度的貪婪是要付出代價的。只有讓他們考慮到這個代價之後，才會控制住自己的慾望，不至於貪得無厭。這就需要動用到權威，動用到懲罰機制。

每個人都應該有一條道德底線，但是一個人如果沒有了道德底線，許多人就會為了眼前的利益不做他想。

因此，給予別人恩惠是需要把握好尺度的。過度的施恩而不加以制約，不僅會養成受恩者的依賴心理，而且還會引發他的貪婪。當這個貪婪心理超越道德底線的時候，施恩者就會付出慘重的代價。同樣的，過於嚴厲的懲罰，也會引起別人的反抗心理。當這個反抗心理超過底線的時候，他就會忘記所受到的恩惠，而反目成仇。中國人講究中庸，所謂的中庸，就是執中能用，不走極端。恩也有度，威也有方，這是我們低成本做人的一個準則。

＊　＊　＊

孔夫子說：「君子性淡，小人性滑；君子如水，小人如油。」意思是說，正人君子如同清水，不會有什麼過多的要求。小人卻如同油膩，看到利益就會粘上去牢牢不放。當然，在這個世界上，完全的小人如同完全的君子一般罕見，絕大部分人都只是普通人，既有著君子的素質，也有著小人的素質。所謂一半是天使，一半是魔鬼嘛！

然而，正因為如此，我們給予別人恩惠的時候才需要多加小心。過度的恩惠，往往容易引起人的貪婪本性。當這個本性在無意中生長出來，而你又順從不加以阻止的話，最終的善意就會變成仇恨，而你也就犯了縱容之罪，培養出了一個小人。

前些時間，電視上流行著清宮戲，在這些電視劇中，有一個人的人氣是非常高的，那就是著名的河間才子紀曉嵐。而我們這裡，就要說一個有關他的故事。

據說在紀曉嵐的家裏，曾經有過一個小祠堂叫做「師犬堂」，裏面供奉的是一隻跟隨了他二十多年的小狗，是用來作為他家奴僕效法模仿的對象的。這事乍聽起來很是有些讓人詫異。堂堂乾隆王朝第一大才子，風雅文人，為何竟會做出這種有損別人尊嚴的事情來呢？

對於這件事，還得從頭說起。

大家都知道，紀曉嵐和乾隆王朝的第一大奸臣和珅，可以說是水火不能相容的，結果，就在紀曉嵐五十多歲的時候，他終於被和珅抓住了一個把柄，被發配到烏里雅蘇台給披甲人為奴（此為歷史上有名的一樁公案，起源於紀曉嵐幫助自己的親家盧見曾逃避鹽茶虧空。）這樣一來，這位紀大學士自然也就失勢了。牆倒眾人推，他家裏的下人們也就開始喧鬧起來。據當時的筆記小說記載說，當負責查抄家產的官員來到紀宅的時候，發現了一樁怪事：紀宅的下人們，竟然逼著紀曉嵐要債，弄得他狼狽不堪。

原來這位紀大學士，平日待下人非常仁慈，既賞房子又賞地的，讓他們都過上了舒舒服服的日子。本來嘛，這些下人們應該對自己的老爺感恩戴德才對，如果紀曉嵐繼續聖寵不衰，他們自然也就會繼續感恩戴德下去。中國的許多事情，都毀在這「但是」兩字上頭了，現在的紀曉嵐落魄了，眼看著沒有指望了，甚至連查抄家產的官員都來了，這些下人們也就慌了張。這是為什麼呢？原來他們的家產有許多是和紀曉嵐的家產連在一起的——本來就是由紀曉嵐賞給他們的，連在一起自然不會有什麼稀奇。可是，查抄家產的官員當然是不會和這些下人講什麼道理的，因此很有可能連下人們的房地家財也一併查抄進去。利益當前，哪裡還顧得了什麼情義？於是，這些下人們就一起圍在了紀曉嵐的身邊，要求分家，索回那份應該屬於自己的東西。這真是滑天下之大稽！以至於連那些官員們也都說：「我們幹抄家這行也不是一次兩次了，見過主子和下人生死相依的，也見過樹倒猢猻散的，就沒見過下人向主子討債的。」

更可氣的還在後面。據說紀曉嵐在流放途中，跟隨在他身邊的一共有四個下人和一隻狗。由於失勢，更由於他身上已經沒什麼油水了，那幾個服侍他的下人對他的態度也就可想而知。這一路上，這位紀大才子不知道受了那四個下人的多少委屈，而只有那隻狗陪在他身邊忠心耿耿。後來，直到紀曉嵐被乾隆皇帝赦免，重新回去當他的大學士，這場鬧劇才算完結。因此，紀曉嵐就立了這個「師犬堂」，以作為自己日後的警惕。

不過，也有傳聞說，這個「師犬堂」最終還是沒能建立起來。原因在於紀曉嵐的好朋友劉墉勸他，這樣做實在是太過駭人聽聞，惹人非議，有損紀曉嵐的名聲，這事才因此而作罷。

相信每個看到這個故事的人，都無不對那些下人們的所作所為義憤填膺。但我們換個角度來想想，紀曉嵐自己的為人處世，是不是也有不當之處呢？

施恩不忘報自然是值得讚揚的好品質。然而，如何施恩卻是值得商榷的。俗話說，救急不救窮。在路上遇到窮人，給他一升米救急，然後絕塵而去。因為這個數量很小，是可還可不還的，所以施惠者輕鬆，受惠者愉快，大家都沒有什麼心理負擔。然而，如果今天一升米，明天一升米，天長日久，施惠者會覺得這是個負擔，受惠者也會養成依賴心理。一旦施惠者不願再承受這個負擔，受惠者也就憤怒莫名了：你又不缺這一升米，幹嘛這麼吝嗇？

紀曉嵐的那些下人們抱持著的就是這個想法。在他們看來，以前的那些賞賜對於紀曉嵐來說不過是九牛一毛，不值一提。既然不值一提，也就不值得感激了。但這些賞賜對於他們來說卻又是很重要的，離不開的。想想看，對於我很重要但對於你無所謂的東西，而這東西還應該屬於我，我為何不要？因此，他們向紀曉嵐討債，也就討得理直氣壯了。

再想想看，這些下人後來為何不鬧了？是他們良心發現了嗎？當然不是！是因為紀曉嵐重新獲得了權力，他們繼續鬧下去會付出慘重的代價，所以才不鬧了。也就是說，制止住他們行為的，不是良心，而是懲罰機制。

我們都是普通人，不是聖人。一大堆錢擺放在我們面前的時候，相信很少有人會不心動，不想將它據為己有。但是我們卻沒有動它，為什麼呢？因為我們知道，那不是屬於我們的東西，動了它會付出代價的。如果不需要付出代價的話，那這個世界就亂了。這就是法律存在的意義。

而對於個人來說，權威存在的意義也正在於此。施惠者必須讓受惠者明白，這恩惠原本是屬於我的，是我給予你的，而不是原本屬於你的。如果你違背了這個準則，就會受到我的懲罰。只有這樣，受惠者才不會逾越界限，覬覦不該屬於自己的東西。

紀曉嵐就是太缺乏威嚴了。他對下人的過度仁慈，反而讓下人認為這個主子好欺負，因此紀曉嵐的東西也當成了自己的東西。而對於下人的這種態度，紀曉嵐卻沒有想辦法加以制約，最終弄得自己狼狽不堪。

其實同樣的情形在我們現實生活中還可以看到許多。比如說那些貪官污吏，由於國家法律對他們的威懾力不夠，犯罪成本低下，他們就將國家的財產、國家賜予的權力當作了自己的財產自己的權力，並以此為理所當然。這些人，不就是紀曉嵐家的那些下人嗎？又比如說那些不肖子孫，霸佔了父母的財產之後還將父母趕了出來，理直氣壯的以主人自居，這不也同樣就是紀曉嵐家的下人嗎？

俗話說得好，預防勝於治療。我們生活在這個世界上，不可能不與他人發生關係，也就不可能不接受或者給予別人恩惠。既然如此，我們為什麼不事先就做好準備，凡事都把握好分寸，做到既有恩又有威，恩威並重？像紀曉嵐那樣，只有恩沒有威，這樣子做人，必然會像救了蛇的農夫一樣被反咬一口，付出慘重的代價。

* * *

善於做事的人，都將恩與威的尺度把握得很好。所謂的胡蘿蔔與棒子政策，其實就是這個意思。沒有胡蘿蔔，別人不願意聽你的。沒有棒子，別人就會來搶你的胡蘿蔔，或者拿了你的胡蘿蔔卻不願聽你的，讓你得不償失。

歷史上將這個尺度把握得最好的，應該是宋太祖趙匡胤。我們都知道，趙匡胤的皇帝位置，是透過「黃袍加身」得來的。他原本是周世宗柴榮的心腹部下，柴榮死後，繼位的皇帝年紀很小，好欺負，趙匡胤就聯絡了一大批手握兵權的大將，讓自己登上了皇帝寶座。由於他的權力是透過這種方式得來的，因此，他對於手握重兵的大將都非常忌憚，擔心他們會採用同樣的方法造自己的反。於是，趙匡胤就想出了一個策略。

這一天，趙匡胤把那些當初和自己一起打天下的功臣們叫過來喝酒，喝到差不多的時候，他感歎地說：「皇帝這玩意實在難當，還不如以前做節度使快樂。弄得我現在每天晚上都睡不著覺。」

大家一頭霧水，不知道說什麼好。首席功臣石守信小心翼翼地問：「您怎麼會這樣呢？」趙匡胤指了指屁股下的椅子，說：「這還不明白嗎？誰不想坐這個位子？」功臣們一聽頓時大驚失色，趕緊跪下來表白忠心：「陛下怎麼會這麼想？如今天下已定，誰敢有二心？若有，我們替陛下滅了他！」

趙匡胤很欣慰，卻也推心置腹地說：「我知道你們的忠心，卻難保你們的部下不會為了榮華富貴把黃袍披到你們身上。到了那個時候，你們不做行嗎？」

趙匡胤以酒蓋臉，直指要害，諸功臣已經是淚流滿面。石守信叩頭說：「我們都是粗人，考慮不到這些。請陛下給我們指條明路。」

於是，趙匡胤就說：「人生在世，圖的就是一個快樂。既然如此，你們何不交出兵權，到個富庶的地方去做官，多買田地，多置房產，留給兒孫。再買些美女歌姬，快快樂樂享受生活。我們君臣不用猜疑，大家各得其所，和美安樂，多好。」

功臣們聽完，紛紛叩頭，說皇帝為他們考慮周到。第二天，這些功臣就交來辭呈。趙匡胤也就真把這些人派到富庶的地方做官，並立下：「不得殺戮大臣」的祖宗制度。

這就是歷史上赫赫有名的「杯酒釋兵權」故事。在這個故事中，我們可以看出，趙匡胤是很有心計的。一方面，他對部下有威：我手中有權，擔心你們造反，所以決定對你們下手；另一方面，他也有恩：但是我不願意殺你們，而是和你們做一個交易，讓大家都有利。給了你們警告，又給了你們好處，還怕你們不照我的意思去做？恩威並濟，一手胡蘿蔔一手棒子，這場戲演得真是相當精彩。

不僅精彩，而且到位。趙匡胤的威，是有尺度、有分寸、有策略的，他只是提出了會殺人的可能性，卻並沒有真正的動手，留下了轉圜的餘地。同樣的，他的恩也把握得很好，只給予那些功臣們高官厚祿萬世富貴，卻絕不給予兵權。這是原則性問題，不能讓步。

這就令人驚歎了。想想看，如果趙匡胤不是這麼做，又將如何呢？比如說，他只在乎威，三兩下把這些功臣們全殺了，永絕後患。這樣一來，他會得到一個什麼樣的結果呢？首先，這違背了趙匡胤的本性，良心難安；其次，會在歷史上留下一個千古罵名；第三，弄不好還會引起部下反叛。孰優孰劣，自然一清二楚。

歷史上的確是有一個人這麼做過，那就是朱元璋。朱元璋是將功臣都殺光的，但他的一生也是個很辛苦的一生。他沒有一個知心朋友，是標準的「孤家寡人」；他對任何人都不相信，做什麼事都親自動手。累、苦不說，還留下了一個極差的名聲，這樣子做人，真的是何苦來哉？

我們再想想看，如果趙匡胤只講恩，又會怎麼樣呢？應該說，那根本就不會有「杯酒釋兵權」故事的出現，而趙家的江山，也就會有可能像五代十國一樣，三兩天換一個主人。為什麼呢？部下權力太大，擁兵太多了嘛。雖然這些權力、這些士兵都是你給他的，可是他一旦擁有過多，足以挑戰你的地位的時候，他就難免不動一些別的心思了。就算他不動心，正如趙匡胤所說，也難保他的部下不動這個心思啊。這樣的例子，我們在歷史上，在現實生活中，見到的還不夠多嗎？

所以說，恩與威是不可分割的。有恩無威，不過是一塊大好肥肉，等著別人來宰割；有威無恩，就成了孤家寡人，什麼事情都做不成。

恩威並施，是管理學理論上很重要的一環。其實不僅是管理，我們平時做人也是一樣的。

＊　＊　＊

我們要活得輕鬆，活得自在，就必須要為自己創造一個和諧的、其樂融融的環境。這就需要施恩。中國人是講究人情的，所謂的人情，其實就是互相幫助，你來我往。只有你來，沒有我往，只受恩不施恩，這樣的人是不受歡迎的，在這個社會上也是生存不下去的。但俗話說得好，過猶不及。有的時候，好心也會做出壞事來。所以，施恩要有度，要用權威來加以制約。有度，就不會養成受惠者的依賴心理，施惠者不累，受惠者輕鬆。有威，就能打消某些小人的覬覦之心，保護自己的安全。

這個世界是很複雜的，君子和小人是很難分辨清楚的。要想活得輕鬆，活得自在，就必須善做人，會做人，什麼事情都要把握好一個尺度。那種只逞一時之快的做人方式，必會碰得頭破血流。

一半誠君子，一半偽小人

我們要想降低做人的成本，那麼我們的誠和偽，只能因人而異，因事而異，不能拘泥於某種模式。我們需要掌握的，就是對誠和偽的收發自如，其實這是一種待人處世的學問。

我們從接受教育的那一天起，父母和老師就一直給我們灌輸親君子、遠小人的做人原則，因為這樣會降低我們做人做事的成本，減少我們在生活、工作中的麻煩，使我們更順利、更直接地面對自己的人生目標。

既然我們要親君子，遠小人，那麼我們就必須學會辨別什麼樣的人是君子，什麼樣的人是小人。因為不論君子還是小人，第一次出現在我們面前時，都是以君子自居。尤其是小人，更是一副道貌岸然的樣子，想方設法向我們證明他比真正的君子還君子。

我們要知道誰是真正的君子誰是真正的小人，最好是在我們與其共事之前。原因就是我們為了謀求自己的利益，不可能只和君子打交道。我們可以不和小人做朋友，但是不能不和小人做生意。在共事之後才知道誰是小人誰是君子，已經於事無補，損失一定已經造成，我們只有怨天尤人的份了。

為了降低做人的成本，在沒有遇到君子和小人的時候，在內心深處就應該知道真正的君子和真正的小人是什麼樣子的，然後依據這些再結合現實中的實際情況進行取捨，具體問題具體分析，再確定自己採取什麼樣的應對辦法。

君子和小人，都是道德上的定義。君子，言有信，行有果，有所為，有所不為，不為利益而違背自己的做人原則，突破自己做人的底線；小人則兩面三刀，變化無常，自私自利，為了得到屬於和不屬於自己的利益而不擇手段。君子不隨便褒貶別人，而且對人常常能夠抱以「理解之同情」；小人則喜歡到處搖唇鼓舌，說長道短，唯恐天下不亂。君子做事，常常光明正大，講究堂堂正正，按規矩出牌；小人則喜歡背著人做小動作，使用人所不齒的手段，做見不得人的事，暗箭傷人。

君子遵循公認的社會或者道德原則；小人則為了自己的需要，隨便踐踏或者歪曲這些原則。君子有容人之量，對得失看得比較淡，不斤斤計較；小人眼光短淺，有仇必報。君子見人落難，即使素不相識，也會義不容辭，伸出援助之手，小人，看到別人倒了霉，不只幸災樂禍，還會恩將仇報，落井下石。

君子做善事還猶恐力量不足，處處小心主意，不亂張揚；小人作惡事還唯恐人們不知，趾高氣揚。君子做事公平，所以平心靜氣；小人常做壞事，也處處提防別人報復，疑神疑鬼，不可終日。

對待君子，我們一定要講究誠，和君子交朋友，相信他們，爭取他們，支持他們。如果我們能夠獲得君子的幫助，就會爭取到更多的人支持我們，減少做事的阻力和風險，降低成本，用最小的代價達到目的；對待小人，則一定要講究偽，不能把他們一棍子打死，拒之於千里之外，我們要有選擇的與其共事、交易，時時、事事做到主動地掌控，進退自如，讓小人的陰暗面沒有展露的機會，這樣我們既可從小人那裡得到我們需要的合作，而又不增加自己做人做事的成本。

如果我們對君子不能夠以誠相待，疏遠或者離棄君子，他們一般會「合則來，不合則散」，「君子絕交，不出惡言」，他們也許不會帶給我們什麼直接的損失，而是遠離我們。但是僅僅這個遠離，就可能會對其他的人起到示範作用，那樣就會產生離心離德的結果，我們的事業就可能挫敗，無形之中會讓我們付出成本。

小人是虛偽的，我們對小人只能以偽對偽，只能取其為我所用的一面，與其保持一定的距離，從他們手裏獲取我們想要的利益。不能讓小人用其偽換取我們的真，他們一旦取得了我們的信任，甚至掌握了我們的核心機密，那麼小則讓你內部分裂，雞犬不寧；其次小人會挾持你，左右你的決策，讓你不得不遭受損失；最可怕的，小人會毫不留情地出賣你，甚至取而代之，讓你付出巨大的成本，忙來忙去一場空，成為小人升官發財的過牆梯，推卸責任的替死鬼。

* * *

君子性善，小人性惡。其實君子和小人，代表了人類本性的兩個極端。

性善可以成事，也可以敗事；性惡，可以敗事，也可以成事。關鍵的是在於我們怎麼運用。就像黃河的水，肆虐起來，造成災難；如果善於引導，則可用來養殖灌溉。

所以對君子誠，要有誠的限度；對小人偽，要有偽的分寸。

在現實生活中，我們都習慣對君子坦誠，與其推心置腹，而和小人保持一定的距離。這樣的做法也一直是我們做人的一個原則。但是就目前個人發展而言，這樣做也是增加了我們做人的成本，增加了我們實現目標的距離。

我們無法決定別人的想法，但是我們能決定自己的做法。有一點我們要認識，小人也有小人的利用價值，甚至於能更好的運用。因為小人都非常聰明。如果我們能用自己的智慧克制住小人的聰明，他們即將在不知不覺中為我們所用，成為提供我們免費的、具有超強作用的工具，更能減少我們達到目標的成本。

《三國演義》中，赤壁大戰之前，曹操和周瑜雙方的軍隊對峙於長江兩岸，戰爭很快就要開始。這一天，周瑜正在操勞軍務，忽然有人通報，他的同學蔣幹來訪。

多年同窗，一旦相見，那該是多麼激動的場面啊，周瑜馬上下命令召見。可是回頭一想，不對啊，現在正要打仗，在對手那裡任職的老同學這時來找我，肯定無事不登三寶殿。對於蔣幹這個人，周瑜肯定有一些理解，知道他是一個無利不起早的小人，為了自己升官發財什麼事情都做得出來。

這種小人，在這樣的時候來見，不是勸降就是來刺探軍事機密。對於這樣聰明的小人，有智慧的周瑜一下子就找到了其利用的價值，於是就不動聲色與其周旋，達到為我所用的目的。

周瑜留了心眼，蔣幹既然是以同學的身份來敘舊，那麼周瑜也以同學的方式接待了蔣幹。晚上宴請蔣幹，不允許大家談論作戰的事情，他自己只和蔣幹談感情，論交情，而且毫不設防地大喝特喝，擺出一副不醉不休的架勢。

既然小人蔣幹以偽名來看周瑜，周瑜便以偽對偽。假裝酒醉的周瑜，非常真誠地拉著蔣幹的手，以毫不設防的樣子去帶他察看軍隊，而且只帶領蔣幹參觀自己的兵強馬壯，後勤供應充足的一面，讓不懂軍事的蔣幹覺得東吳實力強大到足以滅曹，目的就是讓蔣幹把這個虛假的資訊帶回去，動搖曹操必勝的信心。

蔣幹果然把周瑜的軍情偷偷地記在心裏，準備回去向曹操彙報立功。他本來是領了曹操的命令來勸說周瑜投降的。可是周瑜根本不給他勸說的機會，蔣幹心想：看來是勸不成了，當初來的目的不能達到，帶點情報回去不也能立功嗎？於是蔣幹就把工作改為竊取情報，而根本不考慮對方是自己的同學。

周瑜也想把這個送到手的小人利用到底，這個小人遠比自己派出的間諜好用。於是他暗自設下反間計，製造許多假象，又偽造曹操水軍都督投降自己的文書，放在臥房裏的桌子上。到了晚上，自己假裝因為朋友交情深厚，邀請蔣幹到自己臥房中睡覺。

小人蔣幹果然利用卑鄙的手段趁周瑜假睡的時候，翻看了周瑜偽造的與曹營水軍都督的來往書信，頓時如獲珍寶，連夜帶著信跑回曹營，向曹操請功去了。果然害得曹操殺掉了自己的得力大將，曹操朝向失敗的道路，又走了一步。

小人嘴上說得冠冕堂皇，其實處處在打自己的小算盤。就像蔣幹，嘴上把同學的情誼說到天上去了，假惺惺的裝出一副友誼天長地久的模樣，而且冒著生命危險，到戰爭前線看望老同學，不知情的，還以為他是多麼的講義氣，是怎樣的君子呢。實際上他卻到處窺探同學的機密，謀算著怎麼樣出賣同學，最後竟然連老同學的事關生死存亡的資料也偷走了。這樣口蜜腹劍的君子，也真夠朋友了。

幸好周瑜早就知道他是一個小人，根本不相信他那一套鬼話；且及時製造假象，以偽相對，假造文書，借蔣幹之手，使曹操中了反間計，殺掉自己水上交戰的對手，不然遭受損失的可能就是周瑜而不是曹操了。

其實在現實生活中，像蔣幹這樣的人，做人根本沒有什麼原則和底線，利益在他們心目中永遠高於一切，沒有他們不能出賣的東西，沒有他們做不出來的事情。他們善於以假換真，如果你一旦對他們誠，你的誠就成為他們升官發財的梯子了。

真正知道低成本做人的人，小人與君子在他們眼前一目了然，但是他們並不刻意去區分誰是君子，誰是小人，只是控制自己對誰應該誠，對誰應該偽。

我們要想降低做人的成本，那麼我們的誠和偽，只能因人而異，因事而異，不能拘泥於某種模式。我們需要掌握的，就是對誠和偽的收放自如，其實這是一種待人處世的學問。

精通了這門學問，無論君子還是小人，都可以用其長而棄其短，使他們各得其所，成為有用的工具。那樣我們就可以少受小人的害，多蒙君子的福，減少不必要的困擾和苦惱，用合適的人，去做合適的事情。

精通了這門學問，我們就可以降低生活和事業的成本，用更小的代價，得到更多的成功，真正做到知彼知己，無往不勝，成為生活中的強者和智者。

* * *

對小人的認識和利用，是一門高深的學問和藝術，是一種很難掌握的技能。既然我們作為普通人無法達到利用小人的境界，遠離小人就是一種萬全的辦法。假如不能遠離小人，而且還能對小人待之以誠，災難離這個人也就不遠了。

諸葛亮伐魏，臨走時給蜀國君王劉禪寫了一封很有名的信，就是《後出師表》，書中說：「親賢臣，遠小人，此先漢所以興盛也；親小人，遠賢臣，此後漢所以傾頹也。」這裡的賢臣指的其實就是君子。諸葛亮總結兩漢的興衰，明確指出：東漢和西漢兩個朝代，君王信任和親近君子時候，君子能夠為君王出謀劃策，國家就可以長治久安；君王信任和親近小人的時候，小人得志，把持國政，國家就會垮台。

諸葛亮無疑是君子，他在世的時候，因為諸葛亮是開國元勳，政治上擁有深厚的資格和巨大的威望。劉禪也很信任他，對諸葛亮以誠相待，把國家的大權交給他。諸葛亮對劉禪非常忠誠，他寫信給劉禪，表示要「鞠躬盡瘁，死而後已」，至死不辜負劉禪的信任。他給劉禪推薦的大臣也都是君子賢臣，這些君子當政，政治清明，國力強盛，蜀國以區區邊陲小國，屢屢出兵攻打強大的魏國，魏國也對他無可奈何。

君子受人所托，忠人之事。他們具有強烈的責任感和使命感，當別人對他們以誠相待的時候，他們一定會竭力回報。劉禪對諸葛亮以誠相待，而諸葛亮幾乎是用自己的生命來報答的。他不避繁瑣，事必躬親，親自帶領士兵，六出祁山，攻打魏國，最終病死在軍中。劉禪對諸葛亮的誠，得到最大的報答。對於劉禪來說，這未必不是最有遠見，最為划算的投資。

作一個領導者，最重要的本領，不在於能做什麼具體的工作，而在於能否發現德才兼備的君子型人才。如果他能夠有這樣一雙慧眼，發現到這樣的君子型人才，以誠相待，取得他們的擁護，那麼可以說，他的事業已經成功了一半。因為君子型的人才，他本人心志專一，一定會竭盡全力從事本職工作；同時君子型人才本人具有一定的吸引力和號召力，能夠團結更多的人加入他所在的團體。這樣就能提高了競爭力和整體素質，降低做事的成本。因為他們的存在本身就是一種資本，是一個團體興旺發達的標誌。

等到諸葛亮去世，他留給劉禪一個巨大的政治資源，就是他生前賞識和重用的君子集團，像郭攸之、費禕、董允等，但是劉禪對他們不再像以前那樣親近，相反卻對一個小人—宦官黃皓非常親近。劉禪對左右的賢臣不能以誠相待，反而對小人黃皓托以心腹，以誠相待。黃皓是個宦官，沒有什麼政治眼光和見識，只知道攬權自重。他屢次接受魏國的賄賂，誤了許多軍機大事。這時候的蜀國，國勢逐漸衰微，最後竟然沒有做像樣的抵抗，終被魏國滅掉了。劉禪對小人施以誠，終於付出了巨大的代價，使自己成為亡國之君。

也許劉禪到最後還不明白，黃皓，一個小人，怎麼會有這樣大的能量，讓一個國家垮台呢？這是因為他不理解，小人有自己的做事方式和思維方法。

小人沒有遠見，也沒有大局意識，而且做事不擇手段，他們倒行逆施，使正常的、穩定的秩序受到破壞。對小人誠，就等於對自己不負責任，自我出賣與廉價典當。小人鼠目寸光，只貪圖眼前的利益。俗話說：「千里長堤，潰於蟻穴」。小人就像長堤上的螞蟻，根本不顧及長堤有崩潰的危險，一個勁兒只知道營造自己的巢穴，他們營造得越堅固，越精美，他們所棲身的巢穴越不安全，最終大水一到，必然潰決。

劉禪對待黃皓這樣的小人誠，相信他的話。可是黃皓呢？他本來為蜀國服務，可是卻接受敵國的賄賂，毀謗本國的大臣，弄得蜀國上下離心。等到蜀國滅亡後，他失去了自己倚靠的大樹，最後也被敵人殺死了。而劉禪呢？也落得了悲慘的下場，付出了巨大的代價。

小人和君子本來就是兩種境界，兩種人格。小人所到之處，君子要麼退避三舍，要麼被小人所陷害。所以，要麼對小人誠，要麼對君子誠，兩者必居其一。對君子誠，小人就沒有出路，自然的就能營造出良好的風氣；對小人誠，君子就不會依附，上行下效，自然就形成了惡劣的環境。

如果劉禪能繼續保持對君子誠的態度，重用諸葛亮留給他的那些君子型人才；同時對待黃皓這樣的小人，不能以誠，而以偽，不讓他掌握影響朝政的權力，不相信他的讒言，那麼黃皓這樣的小人，就沒有施展伎倆的餘地，而那些賢臣，就可以施展才華，各自有一方用武之地，蜀國的局勢就不會發展到那個地步，至少也不會那麼快的亡國。

一個領導人，能夠誠待君子，偽待小人，那麼他就是一個合格的領導人，他就能夠用更少的成本，做更大的事業，他也就掌握了成功的鑰匙，開啟了勝利之門。

* * *

一半誠君子，一半偽小人，這樣做人做事能降低我們做人的成本，那麼我們就一定要知道什麼人是君子，什麼人是小人，否則我們就不知道對誰應該誠，對誰應該偽了。

小人君子，人言人殊。誰也不會說自己是小人，人人都以為自己是君子。

商品有標籤，寫明產地、生產日期、材料等，便於人們識別；人的身上卻沒有貼上標籤，說明誰是君子，誰是小人。

過眼滔滔雲和霧。誰是我們應該以誠相待的君子，誰是我們要敬而遠之、虛與周旋的小人呢？

君子和小人的區別，從理論上來說，主要是在道德的尺度上，可是道德是無法用量化的標準去衡量的。所以在現實生活中，我們只能「聽其言，觀其行」，不能聽別人說什麼，而要看他做什麼，由此來判斷他究竟是君子還是小人。

因為小人能言善辯，通常會把自己打扮得高尚無比，無懈可擊，簡直是人間唯一的真君子，以欺騙別人，防止被人識別出來。

但是做事卻是無法偽裝的，即使能夠一時偽裝，但是不可能一世偽裝。美國前總統林肯說過：「你可以欺騙所有人於一時，也可以欺騙部分人於一世，但不能欺騙所有人於一世。」

有的人是真君子，他也許不會說什麼豪言壯語，但是他一貫的行為證明著他的品德。他言行一致，表裡如一，誠實可信，不虛飾，不誇大。真君子像寒夜的火爐，他的道德力量，通常能夠放射到他周圍的人，真君子一般都有好的口碑。

在做真君子代價越來越高的今天，這樣的人比較少，但是疾風知勁草，因此也比較容易判斷。而大部分的人，整天淹沒在生活和工作的繁瑣細節裏，也有的會偶然出些差錯，甚至會出很大的問題，因此被人詬病，但是這些人，很可能在重要關頭，出於道義或者大局，挺身而出，支援正義或者反抗邪惡，做出令人矚目的事業，有的甚至為此不惜犧牲自己的所有，他們其實也是真君子。

對於真君子，我們要真正體諒他們，真誠對待他們，小節不計較，為他們提供良好的生長環境。

真君子就好像股市裏的績優股，他們關鍵時候從來不含糊。也許偶爾他們會讓我們失望，但是他們從來不會讓我們絕望。

小人就不一樣了。小人有兩種，一種是真小人，一種是偽君子。

真小人容易判斷，他們無所顧忌，膽大妄為，經常幹一些損人利己，甚至損人不利己的事情。真小人就像蝗蟲過境，浩浩蕩蕩，肆無忌憚，所過之處，人人重足而立，側目而視；所過之地，滿目瘡痍，怨聲載道。真小人在自己倡狂之餘，常常把自己置於和眾人對立的境地。人們常常以偽對付他們，儘管這些偽各不一樣：有人懼怕其淫威，有人不恥其行為，有人根本不屑理睬他，有的人也可能會採取反應措施。

真小人可怕可恨，而不可厭，因為他畢竟還有真性情，而偽君子就可厭了。

偽君子具有極大的欺騙性，偽君子就像披著羊皮的狼。他一面想要取信於人，一面以冠冕堂皇的名義做些邪惡的行徑。偽君子知道什麼是道德和正義，而且也滿嘴宣傳仁義道德，但是卻做與他所宣傳相反的事情。這就是偽君子最惹人討厭的地方。

真小人容易對付，偽君子就難以對付了。因為偽君子言行不一，他們很容易騙取人們對他們的信任，而且又很難識別，所以對這樣的人更要特別提防。俗話說：「對人要說三分話，莫要全掏一片心。」其實主要針對偽君子這樣的人。

不管是真小人還是偽君子，他們的本性都更多是惡的，都可能成為我們生活和工作中的敵人。我們不要相信他們的謊言，及早識別其險惡用心，以偽裝迷惑他們，不容許他們瞭解我們的真實情況。否則我們的一念之仁，就可能上了他們的當，成為他們前進道路上的墊腳石，並且付出沉重的代價。

一半大是清，一半小非濁

用最小的成本，獲得最大的利益，這才是我們的目標。既然如此，何不放開自己的心胸，抓住大局，放棄小節，不是那麼原則性、大是大非的事情就不要那麼計較，自己活得輕鬆，別人也落得自在。

許多人做事都希望追求完美。完美當然是好，誰不願意自己的人生當中每件事情都是十全十美呢？可是天底下的事情，卻往往是人所強求不得的。你想這樣，結果卻偏偏那樣，強求別人照你的思路改變，那是不可能的。天地尚且有缺，更何況人生？

有句話叫做：「水至清則無魚，人至察則無徒。」意思就是說，一個人做事，是不能太求全責備的。太過求全責備的人，往往容不得他人有小小的過錯或者性格上的小小差異，要求所有的人都達到他規定的統一標準。可是，這個世界上不可能有兩個完全相同的人，也就不可能有同樣的性格和同樣的待人處事方式。因此，兩個人之間，出現摩擦和矛盾是必然的結果。此時，如果不能以一種寬容的精神協調其間，事態便會變得無法收拾，結局便是人心不附，眾叛親離。

做人其實也是一樣，對於人生當中所遇到的各種事情不能太過計較，過得去也就可以了。我們要知道，其實一個人的生活中，並沒有那麼多大是大非的問題要解決，反而所遇到的都是一些雞毛蒜皮的小事。為什麼呢？因為每個人的心目中都有一個道德底線，在遇到大是大非問題的時候，自己就知道什麼是對的什麼是錯的，不需要別人來提醒。反而是那些雞毛蒜皮的小事，這麼做是對，那麼做也不能算錯，讓人左右為難。在這個時候，你會怎麼辦呢？斤斤計較，寸步不讓？這只會讓人覺得你不可親近，最終離你而去。相反，在這些不是大是大非的問題上稍微讓步，別人會覺得你這個人心胸寬闊，很有親和力，反而願意和你接近。

鄭板橋說：「難得糊塗。」這就告訴我們，在生活中，還是糊塗一點的好，不要那麼計較。當然，這個糊塗，不是真糊塗，而是裝糊塗。在大是大非、原則性的問題面前，還是應該堅持自己的立場。但在小事上，就不要那麼計較。退一步海闊天空，讓三分心平氣和。

凡事過於計較的人，他的人生必然是不快樂的。為什麼呢？因為生活原本就是由許多小事所組成的。在每一件小事上都錙銖必較，不僅要花費大量的精神體力，而且還容易被這些瑣碎的小事所絆住，根本無法處理大事情。這樣的人，活著必然很累，很不快樂，而且也不受別人歡迎。

我們活著，是為了活得開心，活得自在，不是為了讓自己的人生被繁瑣的事情所纏繞，這樣的活法，付出的成本就太高了。

所以，為了不脫離生活的軌道，我們就不能凡事太過計較。偶爾裝裝糊塗，自己落得清閒，別人也自在，何樂而不為？

* * *

古往今來，凡是成大事的人，都是會裝糊塗的人。他們知道，要想吸收人才，就不能求全責備，而且要有包容性。這個世界上，沒有人是十全十美的。有才華的人不一定品德好，有品德的人卻又不一定有才華。所謂：「海納百川，有容乃大」，就意味著來者不拒，什麼樣的人都能接受。想想看吧，百川歸海，自然泥沙俱下。如果大海只接受清水，不接受泥沙，能成大海嗎？

劉邦就具有大海一樣的胸懷，因此能吸引了大批的人才投向他的陣營。我們都知道，劉邦手下有一個重要的謀臣，叫陳平。陳平這個人的人品，說起來是不怎麼樣的。公事上，他先是跟隨魏王的，後來又跟隨項羽，最後才投奔到劉邦，這叫做反覆無常；私事上，他和他的嫂子有曖昧關係，而且來到劉邦陣營之後就大肆收受賄賂，這叫做私德有虧。這樣的一個人，卻受到了劉邦的信任和重用，自然就引起了別人的不滿，告了陳平一狀。

狀紙遞上去之後，劉邦不能不理，就把當初推薦陳平的魏無知叫來，責備他說：「你當初是怎麼搞的，給我推薦了這麼一個人？盜嫂受金，反覆無常，這不是一個小人嗎？」魏無知的回答很有意思，他說：「臣所言者能也，陛下所問者行也。」我推薦的是陳平的才能，您問的卻是陳平的德行。陳平的德行是不好，但他是有才華啊！現在這個時候，我們正與項羽爭奪天下，最缺的是有才華能出主意的人。那些沒有才華卻德行高尚的人，就算有一百個，對於現在的您來說，又有什麼用呢？

劉邦一聽這話就明白了，於是把陳平叫過來問。陳平說：「我在魏王手下，提的建議魏王都不肯聽從，我這才離開他去投奔項羽。項羽也不重視我的意見，我才來投奔您。我來到這裡的時候，光著身子，什麼都沒有，如果不接受別人的金銀，連吃飯都成問題。我向您提出了很多意見，如果您覺得有用，您就用我。覺得沒用，我就離開。別人送的禮金都還在，我可以原璧奉還。您覺得怎麼樣？」劉邦當時就說，先生我錯了，您留下吧！

這就是劉邦的聰明之處了，他知道什麼是經（原則性），什麼是權（靈活性）。在現在這個時候，聚集人才打敗項羽是主要目標，這就是經，是主幹。至於這個人才是君子還是小人，這是次要的，不用太在意的，這就是權，是小節。抓住主幹，不在意小節，事情就成功了一半。

故事到這裡還沒有完。劉邦與項羽對峙，戰事不利。劉邦問陳平該怎麼辦，陳平出了個離間計的主意，劉邦就給了他四萬兩黃金讓他去辦這個事情，「不問出入」。什麼叫「不問出入」呢？就是不管你的帳，隨便你怎麼花，給我把事情辦妥就行了，剩下的都是你的。按照劉邦對陳平的瞭解，他知道陳平很有可能在中間上下其手，但他並不在意。結果呢，項羽最重要的謀臣范增就這樣被三振出局了，陳平獲得了巨大的成功。

其實劉邦也不能在意，不該在意。你既然要辦成大事，就不能夠在小事上斤斤計較。什麼是經，什麼是權，什麼是主，什麼是次，要分得清清楚楚、明明白白，不能因小失大。換作你是陳平，如果你的上司對你花的每一分錢都要打報告請指示，那你還能做成什麼事？遇上這麼一個上司，你受得了嗎？恐怕趁早另謀高就去了。

做大事的人都是不拘小節的，這是一個真理。人非聖賢，誰能無過？如果對所犯的每一個過錯都加以追究，那天下就沒有一個完人了，你又能和誰一起做事去？如果對每一件小事都加以關注，那你還有多少時間多少精力去關注大事？

劉邦是聰明的，就是因為他知道這個道理。用人之要，就在於取其所長，棄其所短，凡事不能太過求全責備。如果他真的要斤斤計較，那首先他自己就不合格。比如說，他這個人，不忠，明明是項羽的臣子，卻依然要反叛；不孝，父親被項羽捉住了，還大喊什麼「分我一杯羹」；不仁，遇到危險關頭，能把親生兒女推下車去；不義，開國功臣，無辜死在他手下的有好幾個；不信，和項羽約定好以鴻溝為界，兩家分而治之，卻又立刻撕毀協約。不忠、不孝、不仁、不義、不信，這樣的人居然還能當皇帝，大家居然還很敬佩他，不是很奇怪嗎？

也許有人會說，對於政治人物，不能從常人的角度去解釋。然而，政治人物也是人，他們的優點、缺點與我們普通人並沒有什麼兩樣。想一想我們的現實生活，你在做事的時候，是在意最後的結果呢？還是在意中間的過程呢？你和朋友交往的時候，是看重他的優點呢？還是看重他的缺點呢？

中國人講究「中庸」。這個中庸，當然不是指和稀泥，搞平衡，而是執中能用，抓大放小，有經有權。道德、原則是必須遵守的，不遵守，就會突破底線，喪失做人的尊嚴。同樣，小節、小事又是不能計較的，計較起來就沒完沒了，弄得人人自危。

我們應該很慶幸，因為我們既不是英雄也不是偉人。在我們的生活中，不存在那麼多的大是大非，生死抉擇。我們容忍一下朋友的小錯誤，不會讓我們活不下去；稍微吃一點小虧，也不會讓我們傾家蕩產。既然如此，為什麼不讓我們的生活過得簡單一點，輕鬆一點？工作的壓力，生活的壓力已經夠沉重的了，又何必為自己多找不愉快呢？心胸放開一點，凡事不要太計較，裝裝糊塗，睜隻眼閉隻眼，自己活得輕鬆，別人也過得自在，豈不皆大歡喜。

求全責備的人，是不得人心的，也是成不了氣候的。

* * *

第一，誰沒有犯錯的時候？沒有考慮不周馬虎打盹的時候？過於在意細節，就會因小失大，撿起芝麻卻丟了西瓜。自己活得累，別人待在你身邊也不自在，生怕你找他的毛病。這樣一來，誰敢和你在一起？

第二，求全責備的人，往往也都是心胸狹窄的人，缺乏包容性。想想看，如果這個人每件事情都有了一個固定的標準，達不到他的標準他就不滿意。那他又怎麼可能接受別人的建議，別人的做事風格？這樣一個封閉保守的人，又怎麼可能獲得成功？

我們拿歷史上有名的官渡之戰中的兩個主要人物做一下對比就可以明白，這兩個人物，一個是袁紹，一個是曹操。

我們都知道，在官渡之戰的前階段，袁紹是佔據著優勢的。第一他兵多，第二他糧足。袁紹的兵多，曹操尚且可以應付，因為曹操的兵精。數量上雖然比不過，但質量上卻超過袁紹，勉強也可以打個平手。但糧足這一項，曹操就應付不過來了。帶兵打仗這糧草卻供應不足，這仗還怎麼打下去？於是曹操就給留守許昌的荀彧寫信，讓他趕緊運送糧草過來。這封信沒有送到許昌，卻落到了袁紹的謀士許攸手中。許攸看了這封信之後，大喜過望，立刻去見袁紹，向他提出了一個建議。建議是這麼說的：曹操的兵少，為了和我軍抗衡，已經用盡了他的全部力量，因此許昌必然沒有重兵把守。我們何不派遣一支隊伍攻下許昌，奉迎天子？曹操失去了許昌這個根本重地，就再也無力和我軍交戰。就算他不肯投降，我們首尾夾攻，曹操必敗！

應該說，許攸的這個建議，一下子就打到了曹操的要害上，是能夠決定戰爭勝敗的關鍵性建議。如果袁紹聽從了他的建議，那曹操必敗，袁紹必勝。可是恰巧這個時候，許攸的家人犯了法，被人一狀告到了袁紹面前。袁紹當即大怒，罵許攸道：「你這個不要臉的傢伙，還有臉在我面前出謀劃策？」當時就把許攸給趕了出去。他的計策，自然也就不採用了。

這就是袁紹的不對了。打仗歸打仗，犯法歸犯法，許攸犯的既然不是軍法，又何必在這個時候來懲罰他？退一步說，就算他犯法了，是他的不對，但和他提出的建議又有什麼關係？建議對，你採用；建議不對，你就不採用。一碼歸一碼，不能把兩件不相干的事情扯到一起去啊？但袁紹就是這麼做了。他因為許攸家人的犯法，而遷怒於許攸，甚至連他的建議也不願聽從。這就證明了他的心胸太窄，氣度太小。史書上說他「外寬而內忌」，不是沒有道理的。

袁紹這麼一做，就把許攸逼到曹操那裡去了。曹操的心胸可比袁紹寬廣的許多，他絲毫不在意許攸曾是敵對陣營的人，而是對他推心置腹。於是許攸就向曹操提出了另外一個決定戰爭勝敗的關鍵性建議，那就是奇襲烏巢，燒掉袁紹軍的糧草。

烏巢糧草被燒，袁紹恐慌不已。他一面派兵去救烏巢，一面派張頜去攻打曹軍的大本營。這個時候，袁紹又犯了一個大錯誤。原來張頜原本是不願去攻打曹操的大本營的，他認為曹操善於用兵，必然留重兵留守於大本營，攻也攻不下。結果結局正如張頜所預料的一樣。此時，袁紹身邊就有一個叫郭圖的傢伙對袁紹說，攻不下曹操大本營，正如張頜意料之中，他正在那裡幸災樂禍，稱讚自己有先見之明呢。

郭圖說這句話，自然是為了推卸罪責，因為就是他建議讓張頜去攻打曹軍大本營的。且不說郭圖是否誣陷，就算張頜真的在那裡幸災樂禍，袁紹要處罰他，也應該在事後才對。可是袁紹再次因小失大，竟然為了面子問題，決定當時就問罪於張頜，逼得張頜也投奔到了曹操那裡去。

什麼叫愚蠢？這就叫愚蠢！做事不顧大局，只在意小節，逼得部下紛紛眾叛親離，一場原本佔據絕對優勢的戰爭落得以失敗來收場。袁紹付出的代價，實在是太大了。

我們設想一下，如果袁紹不是那麼在意細節，能夠包容許攸人品上的缺憾，接受許攸的建議，那官渡之戰又是一個什麼樣子的結果？如果袁紹能夠以大局為重，不忙著問罪於張頜，那他就算失敗，也不至於敗得那麼慘。

但歷史是無情的，是沒有假設性的。袁紹的失敗，就在於他做人的失敗。他太不會做人了，外寬而內忌，一點小小的失誤就足以讓他否定整個人，注重小節而不在意大局，註定了他必然最終走向滅亡。

反觀曹操，曹操可比袁紹會做人得多。官渡之戰結束之後，曹操繳獲了大批的書信，其中有不少都是自己的部下寫給袁紹的，是通敵的證據。許多人建議應該把這些人找出來砍頭，可是曹操卻說：「袁紹強盛之時，我尚且不能自保，更何況其他人？」一把火就把這些書信給燒掉了。

這把火燒得好！曹操很清楚，這件事情一旦追究起來，牽扯到的人可不只一個兩個。人心都是自私的，勝敗未分的時候，誰不想給自己留條後路？這些人未必都是通敵，許多人可能只是兩邊都敷衍一下。但敷衍和通敵在這個時候是講不清也分不明白的。既然講不清分不明白，那就不好追究，追究起來也牽扯太大，傷筋動骨。既然如此，何不做個人情？而且把人情還做到底，一把火把證據都給燒了，讓大家都安心。這樣，那些心中有愧的人，會感恩戴德；心中無愧的人，會更加死心塌地。一石二鳥，何樂而不為？

什麼是大，什麼是小，曹操可分得清楚明白，分寸也把握得極好。他這一把火，不僅燒掉了潛在的敵人，而且還拉攏了大批的同伴。

做人，就應該像曹操這樣，顧大局，不在意小節。大方向把握住了，就不會走錯路；細節上馬虎一點，就能收攬人心。像袁紹那樣做人，只會自取滅亡。

* * *

我們的生活，其實也應該抓住大局，放棄小節。生活的目的是為了什麼？是為了讓自己活得輕鬆，活得自在，既然如此，又何必在那些瑣碎小事上處處計較，為自己多找麻煩？

可是許多人並不是這麼想的，他們往往容忍不了別人的小缺點，包容不了別人的小錯誤。比如說有些公司，對員工的限制就極為嚴格。遲到五分鐘就扣除今天四分之一的工資，遲到十分鐘就扣掉半天的工資，遲到半個小時，那你今天就算白幹了。守時當然是美德，但又有誰沒有個睡懶覺的時候？沒有個遇到堵車的時候？規定得這麼嚴格，員工又能有多少的向心力？做老闆的在員工心目中又是一個什麼形象？只要員工的工作做好了，你又何必在乎這些小節？

凡事苛求，是需要付出代價的。你對每件小事都操心，就必然要在這些小事上消耗大量的心力。自己辛苦不說，別人也不願意接近你，吃力不討好，何苦來著？

生活的成本，做人的成本，是需要考慮進去的。用最小的成本，獲得最大的利益，這才是我們的目標。既然如此，何不放開自己的心胸，抓住大局，放棄小節，不是那麼原則性、大是大非的事情就不那麼計較，自己活得輕鬆，別人也落得自在，兩全其美，豈不是更好？

一半不說滿，一半不做絕

人生路漫漫，山不轉路轉，話不說滿、事不做絕，得饒人處且饒人。只有這樣，才能與人方便、與己方便，才能盡可能地減少前進路上的麻煩，降低人生的成本。

俗話說：「水滿則溢，月滿則虧。」「物極必反，否極泰來。」無論自然還是人生，都無時無刻不存在著消漲的轉化。君不見：「舊時王謝堂前燕，飛入尋常百姓家」？君不聞：「三十年河東享不盡榮華富貴，三十年河西落得個寄人籬下」？連黃河都可以改道，人事的盛衰更是變化無常！

世界上的一切都在不停地變化，能夠永恆的只有變化。我們的人生，也一樣是得得失失的過程。一些東西，如果我們駕馭得好，經營方法得當，屬於我們的時間就長久一些，否則，來得快的，可能走得更快。

人無常勢，水無常形。在多元社會裏，財富是流動的，地位也是變動的。君不見，三年前的窮光蛋，三年後的大富翁；半年前的權傾一時，半年後的階下囚徒。人生的大起大落在我們身邊隨時隨地的上演著。別說這個和自己無關！

把一個乒乓球拋在地上，它就會不停地彈起落下。當球彈起的時候，向上的動能在越來越小，向下的勢能在越來越大。當球上升到一定高度時，向上的動能就成為零，而向下的勢能就達到最大，球就會改變方向落下。隨著球的落下，向下的動能越來越小，向上的勢能越來越大。當它落到地面時，向下的動能就化為零，而向上的動能就達到了最大，球又開始彈起。如此周而復始，在球反覆不停地彈起落下中，球的勢能和動能不斷地進行著轉化，此消彼漲。這個過程，被物理學家稱為能量守恆。

其實，人這一輩子也是一個勢能消漲的過程。在年輕的時候，我們有的是時間、充沛的精力，但是我們沒有經驗、沒有閱歷。隨著年齡的增長，我們的知識經驗閱歷累積也越來越多。到壯年的時候，我們的生活事業如日中天，其實我們的時間已經在一天天地減少，精力幹勁也在一天天地衰竭。直到年老時，我們就只剩下滿滿的人生經驗和智慧，但這時我們已經離生命的結束不遠了。

看透了這些，我們就會知天樂命，在年輕的時候不必羨慕成年人，因為我們還有時間；在老年的時候不必羨慕小孩，因為他也要走到今天。明白了這些，我們就會慈悲為懷，成年的時候我們不會欺負年輕人的幼稚，因為我們也是從年輕走來；更不會嫌棄老人的羸弱，因為自己也有衰老的一天。

只有這樣，我們才會把眼光放平和、放長遠，看慣富貴榮辱、成敗得失，才能在興時為衰時想，落時有起的心，才能在說話做事時謹小慎微，經常留有餘地，不把勢力用盡，不把事情做絕。只有這樣，我們才能防患於未然，有效地減少前進的阻力，從而更好地降低人生的成本。

* * *

人類歷史上，在人生的風頭浪頂上，有的人急流勇進，有的人急流勇退。無論是進還是退，都必須明白物極必反、勢不用盡的道理。否則當自己把勢力用盡之日，也就是收勢不住、噩運將至之時。

歷史上有一個人盡皆知的人物—年羹堯。這個人進士出身，帶兵有方，他運籌帷幄，馳騁疆場，曾配合各軍平定西藏亂事，率清軍平息青海羅卜藏丹津，立下赫赫戰功，深得雍正皇帝的信任。官至四川總督、川陝總督、撫遠大將軍，還被加封太保、一等公，高官顯爵集於一身。幾乎就是一人之下萬人之上的人物。

據說當年年羹堯平定青海之後進京覲見，雍正令王公以下大臣前去迎接，這是何等面子呀！可是年羹堯卻黃韁紫騮，安然坐在馬上慢行而過，看都不看一眼。即使諸王公大臣向他問候，他也視如草芥，只是點點頭而已，一副不可一世的樣子。更有甚者，在雍正面前，他的態度依然毫不收斂。見了皇帝居然還不下馬磕頭，直到侍衛把皇帝賞賜的東西奉上，他才下馬謝恩。見到雍正皇帝，眾將士跪下齊呼萬歲，雍正帝讓他們平身。但一連說了兩遍，數千將士還是跪在原地，絲毫不動。這時，年羹堯從懷裏掏出令旗輕輕一揮，眾將士這才一起站起來。

現在想起來，年羹堯當年拿出令旗來那輕輕一揮，一定是風光無限，但也就是這輕輕一揮最後把自己的小命給揮掉了。有道是：「普天之下，莫非王土，率土之濱，莫非王臣」。不管你年羹堯取得了多大的軍功，多高的爵位，都是皇帝給你的。不論你手中有多少的兵馬，也是皇上給你的，你怎麼能把這當作寶貝揣進了懷裏，而且牢牢地揣在懷裏，並且達到了全軍上下只知軍令不知皇命的地步。這又怎麼能不招致雍正的猜忌呢？但年羹堯對此卻毫無警覺，他只知道自己有平定青海之大功，皇上對自己倍加寵信，風光一下無所謂的。殊不知，自己再風光也不能超過皇上呀！無可置疑，當時雍正對年羹堯的寵愛已經到了無以復加的地步，但當他掏出令旗輕輕一揮的那一刻，雍正帝對他的寵愛也達到了頂點，取而代之的是猜忌。可以想像，也就是在那一刻，滅頂之災開始一步步的向年羹堯悄悄逼來。

年羹堯從一個進士攀爬到一人之下萬人之上的位子，可以說是他把腦袋別在腰帶裏，冒著生命危險用敵人的鮮血染紅了自己的頂戴，在生與死的邊緣經營了大半輩子，才爬到自己嚮往的位子，付出的成本不能說不小，得到的也不能說不多。

這樣聰明的人，就不明白敵人的威脅小了，自己的危險就大了；自己的權力大了，對別人的威脅也就大了。他可能對皇帝忠心不二，但是皇帝只能看得到他的行為而看不到他的心。僅僅是為了顯示自己的治軍水平、在皇帝面前的地位，但事實上就已經把自己放在絞刑架上了。他不知道，皇帝能給他什麼，同樣也能剝奪他什麼，當然也包括他的老命！

總的來說，年羹堯就沒有算好做人成本這筆帳。這筆帳，和敵人沒必要算，但是在皇帝和同僚面前就必須要算。不看看成本的話，自然要賠掉生前所經營的一切。

在現實生活中，有許多為官之人，在自己加官晉爵、春風得意之時，私毫不明白抱殘守缺的道理，反而把手中的一些權力當作了自己的家私。對於他們來說，終於等到了命運轉折的這一天。風水輪流轉，今日到我家。有權不會用，過期就作廢。他們或趾高氣揚地作威作福，或花天酒地的吃喝玩樂，或喪心病狂地牟取私利。正所謂：「富貴短暫，貧窮長久。」他們不明白一邊是自己富貴升遷、財富日增，另一邊卻是自己的前途正在被自己的貪慾所淹沒。一朝東窗事發，自己鋃鐺入獄，不僅一切富貴都沒有了，就連自己最寶貴的生命都無法可保存。

有道是：「人無百日好，花無百日紅。」只有懂得了人生勢力的消漲，我們才能明白人生的進退，才能時時謹言慎行，為自己的人生留有餘地、留條退路，從而善始善終，走好人生的每一步。

的。

* * *

古人云：「一言可以興邦，一言可以亡身。」今天的人們倒不至於為了一句話而亡身，但有句話說：「禍從口出」，人生當中許多不必要的麻煩都是因為說話太滿而導致的。

常言道：「飯吃半飽，話說三分，外可禦人，內可自保。」其實，說話也是一門藝術。在現實生活中，有許多人把不住口風，把許多不該說的話說得太滿，往往一句話不慎，就會引來鋪天蓋地的口誅筆伐，這樣的事情幾乎每天都在發生。

有句話說：「良言一句三冬暖，惡語傷人六月寒。」即使是在朋友之間，在夫妻之間，說話做事也必須是有分寸，以免傷害感情。特別是在女人生病、生孩子、遇到危難之際，丈夫一個冷漠的眼神、一個厭惡的表情或者一個粗魯的動作、一句帶刺的話足以摧毀一個女人構築多年的溫柔夢想，令你再也看不到戀愛時含情脈脈、顧盼生輝的雙眸，有的女人甚至會記恨你一輩子，有的女人則直接選擇了斷然離開。

小莉是美麗大方中文系的大才女，她的前夫是她大學時的老師。想當初，他淵博的知識，流利的口才令她傾心不已。畢業後不久，她就毫不猶豫地嫁給了他。可是結婚沒兩年，她卻離婚了。

進入了婚姻生活之後，隨著琴棋書畫的高雅，被吃喝拉撒、鍋碗瓢盆取代，他們之間的興致慢慢地被沖淡。但她相信自己的真愛，覺得應該慢慢去適應對方。每天下了班，她都歸心似箭一樣的回到家裏，為空閒在家的他燒飯煮菜。而促使她痛下決心離開他的，僅僅是令她傷心透頂的一句話。有一次，她燒了一大鍋湯，小心翼翼地往餐廳裏端，可是不知怎麼的腳下一絆，鍋碎了，湯也灑了一地，還噴灑到了她的腳上。她一臉可憐無助地望著他，祈求著一句關心或者安慰的話。然而讓她萬萬沒有想到的是，他卻極其厭惡地對她大聲吼道：「妳到底是怎麼搞的！連個鍋都不會端呀！真是沒用！」說完掉頭就進了書房。她呆呆地站在那裡，眼淚在眼眶裏轉了很久，一顆心就像掉進了冰洞裏，涼透了。那句令她徹骨傷心的話，一瞬間澆滅了她多年的愛火。很快，她就離開了他。

在夫妻生活中，關鍵時刻一句貼心的話，可以讓對方記一輩子；而一句傷心的話，也可能在對方心裏造成永遠的傷害。話說：「百年修得同船渡，千年修得共枕眠。」在茫茫人海中，夫妻兩人走到一起是前世緣分，不管怎樣，兩人都應該相互珍惜。夫妻之間情要留幾分，話不要說得太絕，兩個人才能相互扶持，共同幸福地走過一生。

* * *

前段時間，有本書叫《基業長青》在市場上賣得很好，說的是一個企業如何在市場上做得更久。其實，在商場上哪個老闆不希望自己的企業能成為百年老店、萬年長青？但有些老闆做到了，而有些老闆卻沒有做到。其中的原因之一，就是精明的老闆從來都不會把事情做絕，時時為自己留下一條退路，因此也就為自己的企業走出了一條生路。

華人首富李嘉誠之所以能夠如此成功，在於他眼光長遠，從來不做損人利己的買賣，經常維護客戶的利益，因此為自己贏得了客戶的信任。雖然一開始他的事業如細水長流，但他憑藉著自己的信譽而越做越大，漸漸形成百川歸海之勢。

有一次，李嘉誠決定在倫敦以私人方式出售他持有的香港電燈集團公司股份的一〇%。計劃執行過程中，港燈即將宣布獲得豐厚利潤的消息。屬下建議他暫緩出售，以便賣個好價錢。但是，李嘉誠卻堅持按照原計劃出售。李嘉誠說，還是留些好處給買家好，將來再配售時就會順利些，賺錢並不難，難的是堅持自己的信譽。

在這次出售中，李嘉誠完全可以利用機會多賺些錢，但是他並沒有那樣做，因為他知道機會不會永遠在自己這一邊，自己也不一定時時、事事掌握著主動。只有堅持信譽，才能使自己的事業做得更大更久，他不願意為了眼前的小利而放棄了自己的信譽。這一次，李嘉誠雖然少賺了不少錢，但他在人們心中的信譽卻漲了許多。而信譽會轉化為巨大的無形資產，在適當的時候，使李嘉誠在事業上如虎添翼。二〇〇二年，李嘉誠旗下的長虹生物科技公司上市融資，當時長科公司全年的實際營業收入才幾十萬港幣，根本就沒多少盈利，但是股票發行時還是獲得了好幾倍的認購。原因何在？因為所有的香港人都看中了李嘉誠的信譽，相信跟著李嘉誠投資絕不會吃虧。

一九九一年的夏天，中國華東地區發生百年未遇的特大洪災。李嘉誠獲悉後，立即在第一時間以四大公司名義捐出五千萬港幣賑災，同時倡議全港市民掀起救災熱潮。短短數日之後，汕頭又遭遇強颱風災害，李嘉誠又以個人的名義捐給汕頭市政府五百萬港幣。

在李嘉誠所有的善行義舉中，這只是九牛一毛。數十年來，李嘉誠為社會捐贈的款項數不勝數，也為自己贏得了全球華人的敬佩，而這反過來又極大地促進了他在事業上的蓬勃發展。

為了信譽，可以賠本不賺錢，為了社會，可以慷慨解囊，在李嘉誠的眼裏，經商已經成了做人。他懂得了世間萬物有失必有得、有消必有漲、要想聚財必先散財的道理。他總是在散財，可是他每散一點財，他的信譽就漲了一分，他贏得的人心就多了一些。他總是讓別人賺錢，所以他賺的錢也是最多的。他總是在為別人修路，因而別人也在為他修路，當越來越多的人都在為他修路時，他的路就越走越寬，越走越遠。李嘉誠取得的成就是最大的，而相對的人生成本卻是最低的！

古人說：「有勢用盡，有福享盡，乃未懂收藏之道。」易經也有言：「事不做盡，勢不用盡，話不說盡，福不享盡，凡事在不盡處，意味最長。」人的一生就是一場馬松比賽，重要的不是誰在奔跑的路上有多風光，重要的是他能否在最短的時間裏，以最小的成本取得最大的成功。一個人可能會風光一時，但不可能風光一世。人的一生總是起起落落，此消彼漲。因此，無論貧窮還是富有，也無論低賤還是高貴，我們都要用一個平和的真心去活著：步履維艱時，不要失魂落魄，要想著努力奮起；風光得意時，不要得意忘形、口出狂言，要想想那些更需要幫助的人。

人生路漫漫，山不轉路轉，話不說滿、事不做絕，得饒人處且饒人。只有這樣，才能與人方便、與己方便，才能盡可能地減少前進路上的麻煩，降低人生的成本。同理，只有饑時想著飽時，飽時想著饑時，你才能做到晴帶雨傘、飽帶路糧，才能自如地應對前進路上出現的困難，更好更快地前進！

一半喜未來，一半憂現在

天下沒有白吃的午餐，要想獲得收益，就必須付出成本。那些死抱住今天的成就，不願意再付出成本的人，不僅得不到明天的收益，甚至連今天的成本也必然會賠個精光。

中國有句古話，叫做：「人無遠慮，必有近憂。」意思是說，一個人如果沒有長遠的打算，一定會有近在眼前的憂患。所謂今日因成他日果，這就是因果輪迴。今天不作他日的打算，他日成今日時就必然會有許多的憂慮，不容我們不作努力。

現代社會的每個人都希望能夠獲得成功，是因為對自己目前的生活狀況不滿意。由於有了這個不滿意，有了對更高目標的追求，所以才能迫使我們改變現在，給予我們激情，促進我們奮發向上，勇敢地面對困難。因為我們知道，困難只是暫時的，未來是美好的。如果沒有這個目標，那麼我們的人生就過得渾渾噩噩，今日與昨日一樣，明日又與今日一樣，沒有絲毫的進步。那麼，我們今天所面臨的困難，明天依舊還是存在。我們的人生，將沒有任何的改變。這樣的人生，相信是每個人都不願意過的。

我們都憧憬著未來的成功，期待著未來的好日子，這是我們前進的動力，也是我們的精神支柱。沒有未來的人，是沒有希望的。但同時，我們必須時刻考慮現在，不能好高騖遠。沒有今天的詳細規劃以及具體行動，那麼未來的成功將永遠只是一個空中樓閣。

今日的憂愁是昨日的疏忽而造成的，明日的憂愁又是今日的大意所造成的。昨天哪些選擇不正確，哪些行為不夠周密，才是造成今天的惡果。假使重新來過，哪些錯誤是可以避開的？將來不會再犯？今日的所作所為如果沒有經過長遠的深思熟慮，明日必然會嘗到苦果。檢討自己今日的行為，做好今天的事情，既是為了不致明日重蹈覆轍，也是為明日打下基礎。

我們要把眼光向前看，向上看，不能滿足眼前自己已經擁有的一切，這會迷惑我們的眼睛，消磨我們的意志，扼殺我們的願望，而忘記了促使我們積極奮鬥的遠景期待。

但反過來說，這個社會不停地以我們難以想像的速度向前發展，時代也不斷更新它的要求，我們滿足現在止步不前，被社會淘汰是早晚的事情。

對目前的狀況感到滿足而不思進取的人，並不一定快樂，因為他們永遠不知道自己的未來會怎麼樣，不會想那麼多，也不願意想那麼多，彷彿自己現在的一切永恆不變，別人也不會進步一樣。當身邊自己熟悉的人一個個超越自己的時候，自己身處社會之中卻一無是處時，才因當初沒有努力而搥胸頓足。反而是那些對自己目前的狀況不滿足，充滿憂慮的人，才有奮鬥的動力，才永遠具有社會的競爭力，才能跟上時代的發展潮流。

現在和未來總是相互關聯的，成功的曲線也總是專注且連續的。我們只有仰望著成功的目標，對現在以樂觀的憂慮態度，才能不斷獲得突破困難後的快樂，才能實現美好的未來，擁有美好的人生旅程。

* * *

在這個世界上，有許多的人，一旦有了一點成就，生活無憂，日子比上不足比下有餘，就不願意再為未來做準備或者付出成本，覺得自己現在擁有的一切不會改變。他們要麼只看到了未來的輝煌，卻不適應所面臨的所有改變，不願意承擔因改變所帶來的風險和陣痛；要麼滿足於眼前，根本不做他想。

《三國演義》中，有這樣一個人物，叫做劉表。劉表是當時的荊州牧，擁有土地千里，雄兵數十萬，而且在他的治理下，人心安定，人才輩出。劉備後來建立蜀漢的人才，幾乎一半以上都出自荊州，其中最赫赫有名的，自然就是諸葛亮。應該說，以劉表的實力，如果參與當時的天下爭奪戰，必然會有一番大作為，甚至改變歷史。然而，我們都知道，劉表的一生，就是碌碌無為的一生。他從來沒有過爭奪天下的任何舉動，而是滿足偏居荊州，當了一輩子的土皇帝。在他死後，他的荊州立刻就被曹操所佔領，不僅基業被奪，甚至連妻兒都沒能得以保全。

官渡之戰，曹操與袁紹對峙。寄寓在劉表麾下的劉備就勸說劉表說：「如今曹操勞師遠征，許昌空虛，如果乘這個時候出兵攻打許昌，必然能夠得勝。佔領許昌，奉迎天子，就有了大義名分，那麼恢復漢室稱霸天下就不再是夢想。」劉表當時也知道這是個千載難逢的機會，但他依然說：「讓我想想看。」其實劉表是在患得患失。結果這一想，就想到了官渡之戰結束，曹操獲得了全盤勝利，大好良機因此而全盤錯過。劉表懊悔，對劉備說：「恨當初沒有聽從你的意見。」劉備安慰他說：「現在天下大亂，機會將來還有的是。」但那僅僅只是安慰之詞而已，哪裡還會有這樣的機會？懊悔又有什麼用？

甚至連劉表的部下也曾經給他分析過當時的情勢，告訴他說，在這個決定天下命運的關頭，必須要有一番作為。最佳的做法，自然是乘曹操與袁紹交戰帶兵北上，攻許昌迎獻帝，與天下群雄爭衡。次一點的做法，是選擇其中的某一方加入，幫助對方獲得勝利，透過這一功勞保全自己的領地。最壞最壞的做法，就是什麼也不做，靜觀成敗。因為這樣一來，無論哪方獲得勝利，都會將下一個目標對準他。什麼是利什麼是弊都已經給劉表分析清楚了，而他居然還是固守荊州，不願意作任何的改變。結果這樣一來，導致部下們對他失去了信心。首先是韓嵩去了一趟許昌之後就投向了曹操，接著劉表死後他的幾個得力助手如蒯越、蔡瑁等人都竭力勸劉琮投降曹操，可謂人心盡失。

天上不會掉下來禮物！一個不思進取只知道保住現在的人，是沒有所謂的未來的，更不可能獲得成功。連自己的現狀都不願意改變，又何談未來？何談成功？這樣的一個人，也不會有人願意跟隨他，因為他不想改變現狀，手下人還想改變現狀呢。跟隨他沒有任何的希望，不會取得任何的收益。在這種情況下，大家都會為自己打算，謀取自己的利益，甚至出賣主君。

劉表做人的失敗就在於此了。他以為，只要保住眼前的利益，保住了自己的成本，就能夠保住自己的江山。但他卻不知道，在群雄爭鹿的時候，不作為就是最大的失敗。你不作為，別人就會有作為，你不願意去爭，別人就會去爭。當別人的實力超過你時，你就會成為下一個犧牲品。

滿足於現在的人是可悲的，因為他無法應付未來的挑戰。今天的成就是昨天做成的，卻不一定能成為明天的成就。固守現在的人，在這個日新月異競爭激烈的社會中，必將被未來所淘汰。

我們回想一下以前那些國有企業的員工。在當時，他們抱著的是「鐵飯碗」，工作舒適，生活安定，深為他人羨慕。許多人因此不思進取，不願意再繼續充實自己。一張報紙一杯茶，就成了他們工作的全部。然而，當社會狀況一旦有變，面對激烈的社會競爭，這些人就手足無措了，既沒有做好充分的準備，也缺乏獨立謀生的生活技能。由於沒有考慮到明天，以至於連今天也失去了。他們的生活條件日益惡化，幾乎走投無路。相反，以前那些不如他們的人，由於對自己生活的不滿意，全力搏鬥，現在反而取得了令人羡慕的成就。這樣的例子，還不足以引起我們的警惕嗎？

未來是不可預料的，是無法把握的。如果我們沉迷於今天的成就，面對著未來的困難，必然毫無抵抗之力。相反，如果我們不滿足於現在，做好針對未來的準備，那麼，我們在未來的挑戰之中，就能獲得更大的勝算。

人的本性中有一個弱點，那就是貪圖安逸，懶於改變現狀。尤其是對於已經取得了一定成就的人來說，這種的現象就更加明顯了。孟子說：「生於憂患，死於安樂」，說的就是這個道理。生存環境極端惡劣的時候，人為了能夠生存下去，就不得不全力搏鬥，反而能拚出一條生路。相反的，如果生存的危險已經解決了，各種條件都已經具備了，那麼，人的精神就會懈怠下來，失去了進取心。這是為什麼呢？

一、現在的生活已經很不錯了，房子有了，車子有了，繼續往前奮鬥的意義不大了。

二、未來是不可預料的，誰知道會變成什麼樣子？用已經擁有的現在換取一個不可知的未來，不值得。

三、就算明知道不改變現狀就會有危險，但卻已經被安逸的生活磨去了鬥志，不願也無法再吃那種苦。

中國歷史上有許多的皇帝，先明後昏，其實都是由於這個原因。比如說唐玄宗，開創了「開元盛世」，但接著又來了一個「安史之亂」。又比如說清朝乾隆，前有個「康乾盛世」，後來卻養出了個大貪官和珅。再比如說我們現實生活中，就有許多人雖然一夜致富，但卻立刻又傾家蕩產，這樣的例子我們看到的還不多嗎？

那麼，這又是因為什麼原因呢？這就是因為他們已經滿足了眼前取得的成就，不願意再繼續努力的結果。他們只看到了現在，沒有看到未來。或者說就算看到了未來的危險，卻已經不願也不想改變現在。

這個社會，總是不斷前進的。昨日你取得的成就，到了今日就變得不足為奇。如果你滿足於昨日的成功，今日依然不願改變，那到了明日，你就會落到別人的後面，被整個社會所淘汰。只有永遠走在別人的前面，永遠為明日打算，才能保住你今日的成功。

滿足於今天的成就而不去考慮明天的人，是要付出代價的。因為他的人生將不會有任何的改變。他的今天就是他的昨天，而他的明天也依然就是他的今天。然而時代卻在變化著，今天與昨天不同，明天與今天又不同。你不前進，社會卻在前進，那同樣意味著你在後退。不僅會失去你的明天，甚至連今天也保不住。要想保住今天，就必須去抓住明天，讓今天與昨天不同，明天與今天又不同，人生才會一點點的進步，最終徹底改變自己的命運。

我們都知道，微軟公司的Windows系統已經佔領了全球市場，處於毋庸置疑的霸主地位，其他的作業系統，不要說與它抗衡，甚至連被提及的機會都沒有。可以說，微軟公司就是靠著這個作業系統，建立了一個雖然看不見但卻事實存在的「微軟帝國」。然而，即使如此，微軟公司也沒有因此而滿足，而是時時刻刻地保持著警惕，不斷更新自己的作業系統。因為他們知道，這個時代實在變化太快了，只要他們稍微有一點的懈怠，一點的自滿，就很有可能被別人所取代。只有永遠站在別人前面，永遠對現在已經取得的成就不滿，才能保持住自己的領先地位，也才能在這個社會當中生存下去。

對未來的期望，對現在的不滿，是密不可分的。只有對現在表示不滿，才會對未來抱有希望。只有對未來抱有期望，才會願意改變自己的現在。天下沒有白吃的午餐，要想獲得收益，就必須付出成本。那些死抱住今天的成就，不願意再付出成本的人，不僅得不到明天的收益，甚至連今天的成本也必然會賠個精光。這樣子做人，必將血本無歸。

* * *

我們在一無所有的時候，我們奮鬥的慾望是強烈的，我們什麼都不怕，只要我們活著，就什麼也賠不掉，那時候我們敢想、敢做、敢拚。

我們無法知道我們的未來是什麼情況，但是我們一定要知道我們不改變、不進步的未來是什麼情況的。

未來是虛幻的，因為我們永遠也不知道未來將會發生什麼事。我們只能期待未來，將其作為我們的奮鬥方向，作為我們的精神支柱。有了這個方向，我們就知道自己該往哪裡走，該做什麼事；有了這個精神支柱，我們就不會在困難和挫折面前低頭，勇敢地去面對它們，戰勝它們。

但未來卻確實又是存在的。今日就是昨日的未來，明日就是今日的未來。對昨日不滿意，才造就了今天。對今天不滿意，我們才能有更好的明天。昨日的努力，獲得了今日的成就。今日的努力，必然會獲得明日的成就。滿足於今日，也就沒有了明日。今日不努力，明日就必然傷悲。

在生意場上，只知道保住自己的成本，不敢圖謀進取的人是賺不了大錢的，最終必然會被別人所吞併。同樣的，在人生中，只知道保住自己的今天，不會去期待明天的人，也是沒有任何希望的。

一半寬別人，一半嚴自己

即使作為一個普通人，寬以待人，嚴以律己同樣是我們低成本做人的根本。做人的成本是看不見的，只有在真正損失出現的時候，才知道自己的代價有多大。

我們進入社會，就不可避免要與別人交往。與別人交往的成功與失敗，直接決定著我們事業的成功和失敗，這一點是毋庸置疑的。

既然我們無法避免與自己喜歡或者不喜歡的人交往，就涉及到我們與人交往的方式和方法。與任何人交往，都要涉及對交往要求的一個尺度，也就是或寬或嚴。大概不外乎以下幾種吧：

一、一味的寬容理解別人和自己，卻忽略要求自己做人處世的尺度；

二、嚴格要求自己，同時也嚴格要求別人的人，不在乎別人的感受；

三、嚴格要求別人，卻寬容自己的人，在乎自己的感受不在乎別人的感受；

四、在嚴格要求自己的同時，還要能夠寬容他人的人，這種人是具有同理心，能換個角度思考。

在這幾種與人交往的尺度之中，一味地寬容理解別人，就等於縱容別人，喪失掉自己為人處世的準則，最後招致自己的好心卻做了壞事。在沒有原則性地寬容理解別人的同時，我們自然就把自己推入混沌的境地，使自己陷入了一個極端而不能自拔，這是高成本做人，低效率做事，我們需要避諱的一點。

第二種與人交往方式是，對自己很嚴格，對別人更嚴格，希望自己成為別人為人處世的標竿，別人都應該向自己看齊。這種人眼裏只有原則，沒有人情，冷冰冰的像一塊鋼鐵。嚴格要求自己和別人，可能在做人原則上每個人都不會犯錯誤，但是只嚴不寬只會招致他人的反感甚至厭惡，最後眾叛親離，成為孤家寡人。

第三種交往方式則是自己怎麼做都可以，只在乎自己的感受，什麼事情一定要自己合適，縱然是犯了很大的錯誤。但如果別人一旦觸犯了自己的利益便大聲指責，不能容忍。這種人最後的結果就是路越走越窄，直到走不下去了，還不肯悔悟，真可謂是致死不渝。

第四種與人交往的方式的人，無論對待什麼樣的人，他們都虛懷若谷，肯定別人的優點，接受別人的缺點，沒有成不了他們朋友的人，沒有他接受不了的事。他們這樣做人的結果不言而喻，以最低的成本換來最大的收益。這種人肯定也是成功的人，做事的成功基礎就是做人的成功。

對人的尺度不一樣，就牽扯出一個問題：在現實生活中，我們應該如何對待人又如何對待自己呢？既然做事之前必須學會做人，那麼如何做人的成本最低，以最低的做人成本換來做事最大的成功？所以時代就要求我們，每個人都想活得智慧一些，活得灑脫一些，這就需要我們學會一半寬容別人，一半嚴格要求自己。

但作為一個對生活有夢想的人，首先必須做到的是嚴以律己，這是避免麻煩的關鍵所在，只有先律己了，才能有更多的人做自己的朋友，更多的人才願意與你共處，才能在你的人脈銀行裏存儲自己的無形資產，使自己的人脈存摺上的數字越來越大。有了人脈，就代表著有機會與能力甚至是有資金，做再難的事情，也會在你的面前變得簡單。

別人毫不猶豫的信任，就是你打開任何大門的萬能鑰匙！

* * *

現實生活中，我們每天都要接觸人，在家裏面對父母，公司裏要面對上司，結婚了要面對妻子孩子……總之，只要有人的地方，你就有可能要接觸人。要接觸人，必然就會有屬於自己的待人方式，這形形色色的人，你無法左右他們的意志，總不能讓別人來按照你喜歡的方式來對待你吧？

在這個社會裏，我們無法要求別人怎麼做，即使是我們自己的兒女也一樣。我們能要求的只有我們自己，把自己調整好了，嚴格要求自己了，降低了自己做人的成本，在職場上你才能付出後有收穫，才能始終得到朋友的信任和支持。

有一天我們成為了上司，嚴格要求自己，最大限度寬容別人就可能是我們做人必須恪守的準則了。我們會面對各式各樣的下屬，他們的身上會有長處也會有短處，有的甚至優點明顯缺點也明顯。這就需要我們允許他們的存在並幫助他們改正自己的缺點，運用他們的長處發揮他們的優點使團隊的競爭力最大化。

作為上司，我們的一言一行，都可能成為下屬模仿的對象。我們為人處世的方式不當，寬嚴不一，執法尺度不一樣，就直接影響到下屬的工作情緒，使團隊的內耗無謂爭大，員工的執行能力降低，在你的面前所有的事情都可能是一團糟，這間接地威脅到你作為上司的地位。

大禹治水的故事大家可謂耳熟能詳，在遠古時代，當時的華北平原洪水氾濫，人民流離失所，他的父親因治水不當被舜殺於羽山。禹在這時接過了治水的重擔。當時的禹新婚只有四天，依然辭別新婚之妻，離家治水去了。在治水的十三年裏，他曾經三次路過家門口，但都因為公事繁忙而沒有進去。他把自己放在治水的工作者的位置上，和大家同吃同住同工作，傾畢生精力於治水大業上。

作為國家一項重大工程的總指揮，按理說沒必要和普通苦力壯工一樣，即使享受點特殊待遇，也是在情理之中。

但是大禹對自己非常嚴格，要求屬下做到的自己一定要做到，不要求屬下做到的自己也一定要做到。他十三年三過家門而不入，一心只想著如何才能把水治理好，讓黎民百姓過上幸福安定的生活。

在龐大的工程面前，大禹身體力行，親自踏遍九州，若以現在來說這不算什麼，但在當時的時代背景下，只有牛車可以代步，但那又太慢，只能徒步實地進行考察，這種考察又不是類似於現在某些長官考察，「上午輪子轉，中午盤子轉，晚上裙子轉，臨走拍拍肩，以後好好幹。」

大禹沒有這樣做，而是冒著各種生命危險進行實地測量，對地勢進行觀察，得到一手的資料，才能進行施工，也正是因為這樣，大禹才能得出中國的地勢是西高東低，洪水向東才可以流入大海。

「三過家門而不入」這是一種嚴以律己的精神。大禹作為國家重點工程總設計師、總指揮，路過自己的家門口，即使藉機回家中小憩，看看妻子，也是在情理之中。但是他對大家都能理解和接受的事情卻沒有做，而是十三年如一日，勤勤懇懇，與萬民同吃、與萬民同睡，共赴治水大業。大禹的表率作用，激勵了所有參與治水的人，上下一心，眾志成城，在他父親失敗的地方獲得了巨大的成功。

作為整個治水工程的總領導—大禹具備嚴以律己，寬以待人的優良品質，也正是他的這種品質，確立了整個治水隊伍的團結性，在各種條件極其艱苦的情況下，打消其他人對能不能把洪水治理好的懷疑，跟著大禹捨生忘我為工程奉獻自己的所有。

假如大禹不嚴格對待自己，在臨危受命之時還顧念自己的新婚妻子，久久不肯離去，那麼恐怕就得隨父而去了，就算舜不殺他，在百姓眼裏，這樣的領導者也是不可靠的，不值得為他效命的；假如大禹不嚴以律己，那麼在十三年（姑且這麼說）的治水時間裏，他也可以隨時回到家中，享受家庭帶給他的溫暖，享受人世間最美好的天倫之樂。如此這般的話，那麼時間長了，治水就成為了遊戲，百姓也就對大禹失去了信心。

再假如大禹嚴格律己了，但是不以寬容的態度對待下屬，只要誰犯一點錯誤，連個悔過的機會都不給，直接殺死。那麼在百姓的眼中，大禹就是難以溝通、求全責備的大禹了，百姓也就見他如見洪水猛獸，即使不逃跑留下來工作，也只能是埋頭的木偶，不求有功但求無過，或者出工不出力，那麼治水工程什麼時候能結束，就是一個未知數了。這樣發展下去，結果只有一個，那就是人心散了，隊伍不好帶了。大禹終其一生，不是被舜治一個辦事無力的罪，就得被忍無可忍的百姓推到水裏去，治水成功只能是水中花，鏡中月了。

正是由於這種種的假設是不可能的，也正是大禹具備了嚴格律己，寬容待人的品質，所以在治水的過程中，大家群計群策，最後採用最合理最正確的方式治水成功。

在大禹做人取得成功，做事取得成功，才會有那麼多對他的支持者和擁護者，在舜百年之後也就很自然的接替了舜，成為了當時的君主。

* * *

古語曰：做事要「用人之長，容人之短」。在當今的社會中，不是每個人都是十全十美的，無懈可擊的。有的人可能有八分的長處，有的人可能只有一分的長處，但是不論是八分還是一分，只要你有長處，只要你有優點，你就不是一個一無是處的廢人，把自己的長處用好用對地方，都會有一番作為的。

有作為的領導者也不是完美的，他們自身也會存在著某些缺點和不足，但是只要他們能夠做好管理就有可能做到上司，如果他們連管理都做不好，做好領導者那絕對是不可能的。

如果領導者不能包容下屬的缺點，就很難發現下屬的優點，更不會把下屬的優點發揮極至。

清晚期時，有一位大商賈叫胡雪巖，他的經營範圍很廣，涉及到錢莊、製藥、軍火、蠶絲等等。他經營的藥店慶餘堂，曾經與北京的同仁堂齊名。

有一次，慶餘堂的夥計在進原料時，不小心把豹骨誤作虎骨採購進來，數量極其龐大，如果全部銷毀，損失必然十分巨大，新提拔的副手得知此事後，直接找到胡雪巖向他報告。胡雪巖立刻到庫房查看，果然發現是豹骨，於是命令下屬直接把豹骨全部銷毀。由於損失巨大，作為進貨的員工很是慚愧，主動遞交了辭呈。但這時的胡雪巖卻輕描淡寫地說：「忙中出錯，在所難免，以後謹慎小心就是了。」

我們來試想一下，當聽到這樣的話語時，哪個員工不是感激涕零，俯首稱臣，以後更用心去做事，來加倍回報自己的老闆。

如果作為領導者的胡雪巖沒有這麼做，而是大聲的責罵進錯貨的員工，那效果又是如何？進錯貨的員工本來就已經很無地自容了，並且遞上了辭呈。胡雪巖這時再大聲的責罵他，甚至把他工資扣掉把人開除，對已經造成的損失能挽回多少？於事無補！

在胡雪巖看來，進慶餘堂的人，都是嚴格篩選的，人品和職業道德肯定沒問題。工作中出現差錯，每個人都在所難免。損失既然已經造成了，如果再苦苦追究是誰的過錯，只能讓每個員工戰戰兢兢。只要想做事，出錯難免，不出錯很好辦，那就是永遠不做事。

如果手下人擔心出錯，而變得小心謹慎，事事請求老闆，那麼大的攤子，他胡雪巖即使有三頭六臂，也難免不犯同樣的錯誤。從這個角度上看，與其重新聘任員工，遠不如留下從錯誤中吸取教訓的員工。

老闆因員工不謹慎而造成的損失既往不咎，員工自然感恩戴德，以後更會加倍地努力回報老闆的寬容大度。同時有了這次教訓，下次肯定會要謹慎再謹慎，不能有任何閃失。如果再出現這樣的錯誤，甭說老闆怎麼樣，自己都會無法原諒自己。

況且經過這一件事情，胡雪巖對犯重大錯誤員工的寬容，樹立自己的寬仁對人的良好形象，使屬下細心做事，大膽做事成為習慣，也就有了慶餘堂的發展和創新。

如此算來，作為領導者的胡雪巖的低成本做人的藝術，利用一次損失，挽留誓死相隨的人才，振奮藥堂人的人心，等於拿一兩黃金換了無價的珍寶。

寬容有時可能就是簡簡單單的一句話，不需要太多的付出，作為員工也未必是貪得無厭之徒，他們需要寬仁的領導者在重要的時間、地點說那麼一句寬容理解的話語，這就心滿意足了。

「智者千慮，必有一失」，再聰明的人也會有犯錯，不能因為一時的錯誤而全盤否定，使原本沒有犯錯誤的員工也變得心灰意冷。

同樣是胡雪巖，在他的手底下還有一名員工叫劉不才，劉不才原名叫劉三才，是胡雪巖在湖州納的二房小妾的一個近親，原本劉不才是一格藥店的老闆，但因為他的好賭成性，所以家道中落，一貧如洗。在別人看來，劉三才就是一個典型的敗家子，無可救藥。所以給了他一個外號—劉不才。但是這個人在胡雪巖看來卻不是如此，因為無論劉不才再怎麼好賭成性，他也不會把手裏的秘方當做賭注，這說明劉不才還有東山再起的想法和打算，還沒有到無可救藥的地步，是個可以提拔和重用的人。

所以胡雪巖沒有像別人那樣瞧不起他，而是將其收攏為己所用。容人之短，重點培養和重用劉不才，使劉不才迷途知返。

如果胡雪巖因為劉不才的好賭而不去寬容他，那麼對於胡雪巖來說，可能會喪失一個有奇才的下屬，少了一個在特殊場合能幫助自己的得力助手，對於劉不才來說也就沒有後來的事業成功，可能現在仍然迷戀於賭場不肯回返；如果胡雪巖寬容劉不才了，只是給了他一些金錢上的幫助，而不重用他，沒有看到他的長處，那麼胡雪巖就不是一個好的伯樂，只能說是一個好心人，而劉不才在花完這些錢之後仍舊是劉不才，而不是劉三才。

在現代企業每個公司的核心競爭力是公司的員工。在眾多的員工中，每個人都或多或少的有缺點，但是僅僅是因為他的缺點就棄之不用，或者是因為他做錯什麼事就全盤否定，而不用一顆寬容的心去對待，那麼恐怕沒有人會再盡心盡力為公司做事，縱然是有，那他們心裏也是七上八下的，不求有功但求無過混工資肯定是他們生存的首選。

作為一個領導者，在嚴格要求自己的同時，也要懷著一顆寬容理解的心，那麼作為員工才能全力做事，盡心盡力的為公司嘔心瀝血，貢獻出自己的個人才華和才能。

成功者成功，是因為他具有了成功者該有的嚴以律己、寬以待人的精神；失敗者失敗，是因為他們不具有嚴以律己，寬以待人的品質。這正是「成也做人，敗也做人」。

現實生活中，我們都希望自己能做一個成功的人。但成功的人身上必然有寬待別人，嚴以律己這樣的優點，而通常我們往往從這個極端走向那個極端，或者把兩者完全顛倒，於是作為芸芸眾生的我們在現實中苦苦尋覓，希望能找到這樣的領導者。

但是我們卻忽略了，即使作為一個普通人，寬以待人，嚴以律己同樣是我們低成本做人的根本。

做人的成本是看不見的成本，只有在真正損失出現的時候，才知道自己的代價有多大。

夫妻倆吵架了，一方不停地指責另一方的缺點與得失，另一方也不甘示弱，同樣在指責對方，於是無休止的「戰爭」開始了，直到離婚之後才知道自己拋棄的就是最適合自己的。

為什麼我們不學會看待對方的長處呢？為什麼我們不能用理解、寬容的心態去看對方呢？我們不用爭吵，只需靜下心來，慢慢地思索，發現自己的缺點與不足，哪些是做得對的，哪些是做得不對的，不對的要怎麼做才能改正，進而嚴格要求自己，把自己提高一個新的層次。在認真思考後，我們會慢慢的發現，作為夫妻的他或者她竟然有那麼多的優點值得我們去學、值得我們尊重和珍惜。

夫妻的相處是這樣，其他的呢？同學、同事、上司……只要我們所能接觸到的人，我們都應該學會用寬容的眼光去看待，只有你理解他們了，就會引發作用力與反作用力，他們會回過頭來寬容你，這樣我們自己的路才能越走越寬敞，朋友越來越多。

從小事做起，學會謙讓，學會一半寬別人，一半嚴自己，你的工作和事業就會越來越順利，多一些坦途，少一些自己挖的和別人挖的陷阱。

一半做善事，一半勿留名

好事要做，但為了減少無謂的麻煩，降低人生的成本，做完好事，切勿留名。這樣既可遂了心願，又無盛名之累。對於受者，則不必對某一個人有某種感激，而對於施者，則更少了些塵世紛擾。

「富則兼濟天下，窮則獨善其身」，這是典型的中國式做人標準，中國人也以自己好樂善施，助人為樂，周濟弱者為做人的君子之道，代代傳承。

古人有云：「助人者，人恒助之。」一人在世間，誰都願意在自己困難之時得到別人的幫助，幫助自己渡過難關。在我們有實力的時候，也提倡盡力幫助需要幫助的人，因為幫助別人就是幫助自己，善待別人就是善待自己。所以在生活中，只要我們實力允許，一定要多做善事、多幫助人。

社會本來就是一個合作、互助的社會。寸有所長，尺有所短，人只有相互彌補與相處促進才能健康地發展壯大。人生在世，世事難料。運氣也是十年河東，十年河西。每個人誰也不敢保證自己一輩子不求人，更不能保證誰用不著誰。

在我們能力所及之處，應該有樂於助人的意識，把幫助別人當作自己最快樂的事情，慷慨、大方、沒有任何目的、不求任何回報地幫助別人。

按照常理，做完好事留下名字，讓受助者知道是誰幫助了自己，一點也不過分。我們也贊成做善事的人留下自己的名字，給我們留下日後感恩的機會。但是做善事留名有其好處，也有其壞處。畢竟這個社會上什麼人都有，我們可以為助人為樂，但是也不乏有人會利用你的善良為自己謀利，使真正需要幫助的人得不到幫助。

所以，助人之心必須有，防人之心不可無。我們不能以小人之心度君子之腹，但也不能以君子之心度小人之腹。世界上並不是每個人都知道感恩的，也不是每個人都能做到自立自強。有一些人就是善於利用別人的善良、真誠為自己謀私利。一旦他們得不到自己的利益，什麼話都說，什麼招都使，專做些見不得人的勾當。

幫助弱者不是強者必須要履行的公民義務，幫助別人不是公民必須納的稅。強者幫助弱者是人情，不幫也是本分，至於幫與不幫，誰也沒有權利對他們進行指責。但是事實上並不這樣簡單，有時候我們做好事一旦開了頭，就像陷入沼澤地掙扎一樣，越掙扎陷得越深。

有時候，好事也難做，好人也難當。在這種情況下，我們為了降低自己做人的成本，只要盡力而為就可以，沒有必要把自己是好人就一定要把做好事變成一個卸之不掉的包袱，永久地揹在身上，把自己壓得吐血也要撐好漢。那樣的話，只能是搬起石頭砸了自己的腳。到頭來自己白白地當了冤大頭不說，弄不好還把自己搞得家業敗落、元氣大傷。

我們發達了，周濟弱者是我們做人的心願和理想，但是我們不能怕別人利用我們的善良而不去做。從降低做人成本起見，一半做善事，一半勿留名是最好的辦法。我們既能獲得幫助別人的快樂，也能看到別人因得到自己的幫助而改變命運的高興，又不把幫助別人變成自己不得不履行的義務。

這樣，一切主動權掌握在我們的手裏，不至於我們的善良被心懷鬼胎的寄生蟲所利用，使自己陷入進退兩難的境地，而且我們又能活得更輕鬆、更瀟脫！

＊　＊　＊

無論是佛家還是道家，也不論是在東方還是在西方，從古至今，人們都是主張做人要向善的。但是並非所有向善的人都能有好報的，相反，人們看到了太多的好人並沒有因為做了好事就得到好報。這也就難怪有人不禁感歎現在世態炎涼人心不古了，真正是「好人不長在，害禍一千年」。其實並非說做好事就一定要倒厄運，主要是人們在做好事時，沒有掌握好做事的分寸，計算做好人的成本。

明初，朱元璋定都南京後，準備重修都城。但這時百廢待興，國庫空虛。朱元璋沒有錢，只好向幾個大戶借錢。於是，當時的全國首富沈萬三財大氣粗，自己主動跳出來承擔了三分之一的錢糧開銷。當時，沈萬三認為自己既然出了大錢，而且還是幫皇上大忙，當然應該買個樂施好善、散財濟世的好名分。除此之外，他還可以依靠皇上這棵大樹，名利雙收指日可待。當今皇上都得靠我接濟，這是何等的榮耀啊！俗話說：「不看僧面看佛面。」以後做生意時，肯定一路綠燈，有誰敢攔？於是在修築帝都三年之後，他還覺得不夠過癮，於是又申請由自己掏腰包犒賞三軍。

可是他卻打錯了自己的算盤。大明朝是人家朱元璋的，哪裡容得下你這樣的普渡眾生的活菩薩。作為建設帝都的頭等功臣，沈萬三本認為自己出了這麼多的錢，不管怎麼樣，你朱元璋也得代表整個大明朝的文武百官和數百萬的黎民百姓，向我這個土財主表示一下深深的謝意；但誰能料到朱元璋卻不買他的帳。看到他比皇帝還富有，朱元璋內心就鬱悶了。這天下都是我的了，我用你幾個錢算什麼，你還真跟我裝下去啊？你拿錢犒賞我的三軍說是做了好事，我還以為你收買了我的將士呢？你有錢有什麼了不起的！我舉手就能給你安個亂民的罪名，把你的財富變成姓朱的！

要不是大腳馬皇后背後求情，這沈萬三當場就得人頭落地，最後，雖然判了個發配雲南，保住一條老命，但億萬家產已然被抄沒。這沈萬三是何等富貴之人，住慣了都市的金屋大廈，吃慣了山珍海味，習慣了嬌妻美妾的前呼後擁。一旦到了雲南，光是淒涼清苦還不算，最窩囊的是自己為了你朱元璋的大明朝出了那麼多的財力，不曾想到自己對別人好心卻為自己辦了壞事！但是這時他也只能沮喪懊惱、暗自咒罵，對於自己的厄運，已經無力回天。不出三年，滿肚子委屈的沈萬三就在憤懣抑鬱中死去了。

沈萬三可謂冤之又冤！他本是出於一片好意，為帝都建設出一份力，但朱元璋非但不領情，反而招來了禍害。可憐的沈萬三，到死都不知道自己是哪裡招惹了朱家天子的是非。其實，他就是沒有計算自己做人做事的成本。從頭到尾，他都認為自己在給朱家辦好事，但是他辦好事也不能阻止人家皇上往壞的地方想。連皇上的房子都得靠你修，皇上的軍隊都得靠你養，你是讓皇上好呢？還是讓皇上沒有面子？比如：他修的那一半工程，竟然比萬歲爺修得另一半工程還要早三天完工，這不是和朱元璋叫板嗎？況且皇上乃天之驕子，誰與爭鋒？人言道：「槍打出頭鳥。」儘管沈萬三是隻鳥，但是好鳥對非常想吃鳥肉的人，難免有人要打他的主意。再加上他一次次死心塌地的往槍口上撞，哪有不吃虧的道理？

沈萬三有錢，要幫助皇上做事情，想法是好的，但有一條不可忽略的事情就是一定要聽皇上的安排，皇上要你掏錢你就掏錢，要掏多少就掏多少，乖乖地服從命令，而不是跳出來給掌握國家機器的統治者說，我給你多少，我要做多少，我能做多少。

還有，**幫助別人是好事，但是不要傷到受助人的自尊，否則你幫了也白幫，受助者不但不感激，反而還會懷恨在心。**皇上本身就是天下最富有的人，最能幹的人，這是任何人不能以任何形式超越的。而沈萬三卻以幫助皇上的名義超越了，犯了皇上的大忌。

沈萬三最不應該做的就是犒賞皇上的軍隊，這就像動了皇上的飯碗一樣。就好像一個窮爸爸養不起自己的孩子時，他也不想讓一個有錢人拿好東西誘惑他的孩子，擔心孩子把有奶的叫娘。

總之沈萬三想做好事，但是他幫助的物件錯了，幫助的方法也錯了，不計後果地去付出，不虧才怪呢。

* * *

在這個世界上，許多人生來就盼望著出名。出名的方法有很多，但是如果因樂施好善出了名，有時也可能為自己帶來煩惱。俗話說：「人怕出名豬怕肥」，當天下所有的人都知道你王老五是一個樂施好善的人時，估計你也就麻煩不斷了。因為有些不負責、心術不正的人，就會利用你的善行，滿足他們的私慾。

小鄭是某地的一個熱心青年，他出生在一個家境普通的家庭。後來，他自己做了些生意，賺了幾筆，漸漸地也算是步入富有的生活了。

由於從小就心地善良，於是他開始關心起社會上的一些老弱病殘的人來。他覺得自己既然有了這份能力，何不拿出一部分錢來幫助那些需要幫助的人？於是，他就開始向那些殘疾兒童寄錢。

他的事跡透過電視廣播等各種媒體傳向了全國各地。這下小鄭可出了名，他一下子在全國成了殘疾人士心目中的救星。於是一封封求助信從全國各地如雪片一樣的飛來，這是他萬萬沒有預料到的。一開始，他只要收到來信，就立即匯一筆款過去，以資杯水車薪之需。但後來，各式各樣的求助信越來越多，失學的、殘廢的、老人、小孩，無所不有，光求助的失學兒童的來信每天都有幾十封，有的甚至是整個班的學生都寫來同樣的信件。雖然這已經遠遠地超過了他所能支付的程度，但他還是盡力想辦法幫助他們。

時間一天天地過去，他家中的存款開始越來越少，直到有一天，他確信自己再也拿不出一分錢來，並且還欠下了一筆巨債。這時，他才發現，自己這樣做其實是多麼的愚蠢。

為了一份愛心，他花掉了自己全部的積蓄，而且還欠下了債務。即使現在自己已經身無分文，人們還是把他當作以前的那個隨時都可以慷慨解囊的好心人來看待，有的甚至幾次三番地寫來求助信。彷彿他就是一座取之不盡用之不完的金山。但他的家不是金山，他也沒有點石成金的本事，他僅有的那點積蓄也是他辛辛苦苦賺來的血汗錢。

現在的他，已經沒有能力再幫助那些需要幫助的人了。他曾經幫助過的人，原指望透過他的持久幫助來改變命運，沒想到他不能再像以前那樣做了，對他也只能失望，又回到了他們自己的老路上去了。

小鄭見到這個情況，也是痛心疾首，沒想到自己付出那麼多，現在看來全是無用的。他為自己的一顆愛心，付出了太大的代價！現在，他又不得不重新開始，而現在的他如果想要達到曾經的輝煌，不知又要耗費他多少的人生成本！

為什麼一個人做好事出了名，反而卻把自己給拖倒了？誰都知道，世界本不應該是這樣的，這也並不是上帝的本意。其實好事就是好事，只不過人們在做好事的時候，人為地加入了一些不自然的東西，因此使好事做著做著，就慢慢地變了味道。

首先，就是眾人有了這樣的心。

什麼心？就是一旦你不求回報地做好事，人們就自然把你當成萬能的救世菩薩，根本不考慮你的難處。我們在求菩薩保佑的時候，是否為菩薩考慮過？別人一旦把你當成了救苦救難的菩薩，普度眾生就成了你必須履行的義務。

可是你是人，不是菩薩。一個國家都無法解決他們的難處，更何況以一平民之力？以你的力量你能幫助十個需要幫助的人，若一萬個人都找你幫助，你勉強滿足他們的要求的時候，你不倒了才奇怪。

小鄭想幫助別人的心態並沒有錯，但要量力而行，為了能持久地實現自己的這一心願，首先他要保證自己的發展，不能為了幫助別人而透支自己的實力，否則他只能做一時的好人。沒有了做好人的資本，想做都做不成。

小鄭如果毫不聲張地把好人做下去，有選擇地幫助那些的確需要幫助的人，根本沒有必要讓天下知道他是一個有求必應的萬能菩薩。可是他偏偏選擇了做菩薩的角色，而且為了自己是別人眼裏的菩薩，根本不計任何成本了。

做好事就是要隨心，如果背離了這個原則，成為一種脅迫，成為一種既定俗成，那就會成為一種桎梏，把真正的愛心抹殺掉！而真正做好事的人為此付出的又豈止是金錢的代價！

再者，就是社會上有這樣的人。

俗話說：「林子大了，什麼鳥都有。」有勤鳥，就有懶鳥，有好鳥就有壞鳥。你不是愛做好事嗎？我就專門利用你的好心，裝出一副可憐樣來發財、來賺錢。這種營生沒有風險，不勞而獲，無本萬利。許多社會上的人，就是專門幹這事的。君不見如今天下的丐幫幫主哪個不是腰纏萬貫？表面上看起來他們可憐兮兮、沿街乞討，但實際上他們出則高級轎車，入則高級別墅，過得比你瀟灑。只不過在被你「幫助」、受你恩惠的那一刻，他們必須裝得可憐一點，窮酸一點，否則的話，人家還用得著幫他嗎？

當然，類似的人還有很多，他們好吃懶做，專門守株待兔，敞大了口袋，等著你來獻份愛心！當然光是獻份愛心也就罷了，有的甚至得寸進尺，利用你的好心為你設下圈套。這樣一來，不知不覺之中，你辛辛苦苦賺來的血汗錢就成為他們的生活來源，你也就成了傳說中的那個心腸太好反吃了虧的東郭先生。表面上看起來，你是在獻愛心，他們是在收愛心，一個願打，一個願挨，兩者自是各得其樂。其實，你已經為自己的心太軟無謂地付出了沉重的代價，你的好心並沒有成為那雪中之熱炭，久渴之甘露，而是成了那花天酒地之供養、繁殖寄生蟲的溫床！

* * *

仔細想來，許多人之所以因為行善反而使自己付出了沉重的代價，就在於他們沒有一種恬淡的心態，沒有一種一半做善事，一半勿留名的境界。他們在做好事的時候，看似不求回報，無私無畏，其實在內心深處還是惦記著某種的回報，最少是想得到某種認可。大多數人捐款都要留下自己的名字。總覺得自己捐了那麼多的錢，如果不留下自己的名字也太虧了。

其實，這還是一種功利心在裏面作祟。這時，他們就已經不是在純粹地做好事了，而是有了許多企圖、許多牽掛在裏面，於是做起好事來就累多了。既然是做好事，就應該把功利心放下，這樣一來，反而省去了許多麻煩。然而，古今中外真正能夠放下名利、真心行善的人又能有幾人呢？

有道是：施恩不圖報，才是真正的施恩。做好事就應該這樣，做好事就只是做好事，只是想盡力而為的來幫助別人，僅此而已。從來不企求別人有一絲一毫的回報，甚至不必非要得到被幫助人的理解或者認可！既然自己是真心在做好事，又何必一定要人們知道呢？只要自己真心地付出也就足夠了。

總而言之，好事要做，但為了減少無謂的麻煩，降低人生的成本，做完好事切勿留名。這樣既可遂了心願，又無盛名之累。對於受者，則不必對某一個人有某種感激，而對於施者，則更少了些塵世紛擾。兩者相安無事，隨心去留，豈不快哉？

一半醉朦朧，一半醒清楚

人生計算成本的智慧，在於瞭解自己，知道自己可以在什麼時候做什麼，什麼時候不可以做什麼，什麼時候又能做成什麼。在此平台上發展有希望，在此平台上發展沒有前途。

每一個人對自己周遭的環境和遇到的情況和問題，都要做分析和思考，然後決定自己表現的姿態、採取的措施和應對的方法。當然這些做法一定是不能有害社會的。

其實我們每天遇到的事情，無論是具體的人或者物，還是抽象的情況和問題，概括一下，可以分為兩種，一種是大事，一種是小事；或者有的看起來現在是大事，對整個人生卻是小事，有的現在看起來是小事，其實對自己整個人生卻是大事。

面對關係人生成敗的大事，我們當然要頭腦清醒，冷靜地處理，妥善應付；對待無關痛癢的小事，我們也不妨睜一隻眼閉一隻眼，善於忘記善於忽略，把自己的主要精力放在大事上，不被小事瑣事來困擾。

人生在世，有的事是不能不做的，但是要看做的時機和條件，時機不對，條件不成熟，只能等待。有的事情，根本沒必要多加理會，隨著時間的流逝，就會慢慢解決，而終歸於無形。

所以面對自己所面對的事情，正確的態度是，一定要看清形勢，分清事情對自己整個人生格局的影響，正確判斷自己所在的位置和所到達目標的距離、所要解決的問題以及我們解決這些問題的諸多影響因素，然後決定自己的態度。

對於無關人生發展大局的事情，忍一忍，讓一讓，或者不去管它。不關原則的事物，不辯論，不計較，馬虎一下就過去了。即使當時看來是了不起的大事，隨著事情的發展和時間的驗證，就會磨平。「日長似歲閑方覺，事大如天醉亦休。」在這樣的事情面前，不妨糊塗一些，朦朧一些。

對於涉及我們事業成敗、關係我們的生存和發展、影響我們今後前途的一些事情，我們不能一醉就過去了。時機不成熟時我們可以裝糊塗，但是在糊塗中也要保持清醒的頭腦，絕不能疏忽任何蛛絲馬跡，積極為時機到來後做行動上的充分準備，而讓關注我們的對手鬆懈麻痹，減少我們取得成功的阻礙。

時機不對，條件不成熟，我們選擇低成本做人做事的辦法就是一半醉朦朧，一半醒清楚。醉是醉給別人看的，在醉中忽略眼前的蠅頭小利，忘記不值得計較的恩恩怨怨；清醒的，注重的，要得到的是大局，是長遠大計，謀的是最終的勝利。

這樣才可以避免無謂小事的糾纏，節省我們有限的精力，用最低的成本，做更多的事情，完美我們的人生。

* * *

人生不滿百，常懷千歲憂。每個人所能得到的資源是有限的，即使你有無限的資源，你的時間也是有限的。如果我們把自己的資源和時間，盲目地糾纏在小事上，讓小事消耗掉我們人生的成本，渾渾噩噩，忙忙碌碌，縱然投入了巨大的成本，所得卻極其有限。好比用千金買了一根鵝毛，投入和產出不成比例，這樣的人生註定是不成功的人生。這樣的人，不是傻瓜，就是糊塗蟲。

區分小事和大事，不只看事情本身的性質，和事物的影響範圍，還要看這些事情和我們成敗的關係密切程度，以及我們一旦選擇錯誤的姿態，會給自己的成功增加多大的投入，減少我們人生多少利潤。

有些事情，因為我們所處的位置、擁有的實力不同，即使它深刻的影響到我們的生活，但是不管我們有多少牢騷和憤怒，有多麼的無奈和悲哀，也無力去改變，只能聽之任之發生，被動地接受。一壺濁酒澆下去，一個長覺睡過來，世界還是那個世界，該來的還是要來。這樣的事情，大是夠大了，但是以我們一己之力，對它的發展變化，毫無主動性，對它本身也缺乏透徹的瞭解，我們又缺乏對其掌控權，這時我們最好的選擇是醉朦朧地觀察一切的發展。

不過，這個醉朦朧是假醉，在假醉的同時還要保持清醒的洞察力，要密切注意事情的發展，為自己能擁有掌控的主動權積蓄力量。我們無力改變大環境，但是可以積極地改變自己身邊的小環境，努力促使它朝向對我們有利的方向發展。

有的大事，我們自己也置身其中，成為其中的參與者，甚至決策者，這時候，我們當然一刻不能糊塗，必須保持清醒，要深刻洞察事物的本質，同時要能夠準確預測事物的發展方向，努力使它朝向好的方向發展，使它能為我們帶來更大的機會和發展空間，保證我們事業的勝利。

有的事情，表面上看起來是大事，它影響的範圍很廣，甚至波及到我們的生活，但是根本改變不了我們什麼，衝擊不到我們的實現目標的根基，和我們沒有實質的利益衝突，像投到大海中的石塊，一陣波浪之後，大海還是大海，石塊卻早已無影無蹤，這樣的事情，算不上什麼大事。只能做為茶餘飯後的談話，無妨一笑置之，醉朦朧地看一眼就可以了。如果正經八百的當作一件大事來應付，枉費精神和時間，甚至你越計較它越麻煩，最後成為甩不掉的爛泥巴，白白消耗我們寶貴的人生成本。

有的事情，表面看起來是小事，但能決定事態發展的方向，對我們有割不斷切不開的關係，甚至能主宰我們現在或者將來的重大利益，這樣的事情，即使看起來毫不起眼，瑣碎單調，也不能等閒視之，草率處理，而要清醒認識它的重要性，搞清楚它的關鍵所在，小心謹慎，考慮思密，採取最佳的對策應付。絕不可忽視它，甚至把它當成一般的無足輕重的小事，馬虎處理，敷衍了事。

有的事情，無關原則也無關大局，只是生活中的小點綴，小插曲，有之不嫌多，無之不嫌少，甚至還會很無聊和無趣，這樣的事情，即使有成千上萬，也只可醉朦朧裏都過去，不管多少事，盡付笑談中。

所以說，醉，有醉的道理；醒，有醒的根據。

而且，每個人都有自己的個性和特點，每件事情也各有自己的性質和特徵。有的事情適合自己做，有的事情不適合自己做。一個人做了能夠成功的事情，另外一個人去做未必能成功。所以人生計算成本的智慧，在於瞭解自己，知道自己可以在什麼時候做什麼，什麼時候不可以做什麼，什麼時候能做成什麼。在什麼平台上發展有希望，在什麼平台上發展沒有前途。在適合自己的方向上發展，與那個方向吻合的事情，無一不是大事，要認真對待，頭腦清醒，努力捕捉任何一個機會；而在自己無法改變的範圍內，或者對自己不會造成影響，即使再大的事情，也不妨一笑置之，朦朧一醉忘記掉，不留下一絲痕跡。

人生當中充滿著變數，機會稍縱即逝，那些聰明的人，都是懂得何時如何使用自己的人生資源，在天時、地利、人和完全有利自己的時候得到最大的利益的人。

他們並不是四處開展，而是把成本用到最需要用的地方，用最低的成本，做最適合自己做的事情，把主要精力放在自己生存和發展的事情上。對自己暫時不能做的某些事情面前，他們好像喝了酒醉一樣，醉眼朦朧，視若無睹，充耳不聞，彷彿是天下最遲鈍、最愚蠢、最糊塗的人。但是等時機成熟時，一切條件有利於自己的時候，他們卻能立即清醒，他們耳聰目明，身手敏捷，抓住任何一個可以利用的機會，毫不放手，一直到取得最後的成功。

兵法說：「靜如處子，動如脫兔。」這不但是用兵勝利的訣竅，也是人生獲得最大利潤的保證。

* * *

醉和醒，其實質都是一種姿態。該醉的時候，即使很清醒，也要擺出醉的模樣；該醒的時候，即使醉意朦朧，也有準確地判斷和決策。

醉翁之意不在酒，醉的表象之下，常常掩蓋著真實的意圖。飛瀑之下，必有深潭；香餌之下，必有死魚。醉的偽裝之下，說不定就是更大的圖謀。

醉和醒，其實是一個事物的兩個表面。只有真正清醒的人，才能用醉來更好地掩飾自己的目的。醉的作用，目的是以下兩個：

一、欺騙敵人。為對手設下看不見的圈套，掩藏自己的真實目的，不被對手發覺，以等待恰當的時機，發起致命的打擊。

二、蓄積力量。創造自己發展需要的條件，壯大自己的實力。在對局勢不是起很大影響的小細節處，不使用自己的力量，避免無謂的消耗和浪費以及遭受不必要的打擊。

東晉的謝安，就是善於利用醉和醒來達到自己目的的人。

西晉王室南渡之後，在以王、謝等高門世族的支持下，在江南建立了東晉王朝。可惜這個東晉王朝自建立以後，內憂外患一直沒有停止過。謝安身為謝家的成員，如果出來做官的話，具有無可置疑的條件和資格。但是，他只當了不到一年的小官，就稱病不幹了，躲回了自己的老家。政府屢次徵召他出來做官，卻總是托詞不出來。

放著很有前途的官不當，回老家有什麼正經事要做嗎？沒有，謝安回到家裏，其實整天就是和朋友們喝酒，喝醉了就聽女妓們彈琴唱歌，或者一起做詩寫字，有時候還和子侄們聊天。那麼，謝安是真的糊塗了嗎？沒有，他對當時的政治形勢，有著清醒的判斷。

當時的東晉王朝，好不容易在江南紮下了根，可是作為一個外來政權，面臨著極大的威脅，這些威脅主要來自三個方面。

一、東晉王朝是倚靠北方南逃的世族支持，才建立起來的，但是北方遷來的世族地主和江南本地的世族，掌握中央政權的世族和其他地方世族之間，有著深厚的矛盾。東晉建立初期，王敦和桓溫等人就先後擁兵自重，威脅到東晉政權的安全。

二、東晉南遷後，北方長期陷入少數民族政權的統治之中，這些政權時刻威脅著東晉政權。尤其前秦的苻堅，野心勃勃，始終有志於統一全國。

三、北方許多漢族人民，紛紛隨著東晉政權來到南方。他們無錢無地，生活困難，有的就淪為流民。這些流民問題一旦處理不好，或者為別有用心的人所利用，立即就可以成為一股可怕的政治力量。

謝安的擔心是有根據的。在東晉政權內部激烈的政治鬥爭中，大批優秀的政治菁英被殺死，如周顗、戴淵等，而在農民起義的烽火中，也有不少地方官員遭受無妄之災。謝安在這樣的形勢之下，不出門做官，天天沉醉於美酒醉鄉之中，不失為最安全的選擇。在飲酒遊玩，不理政府徵召的過程中，謝安還聰明地提高了自己的身價。朝野之中，一起向他發出呼籲：天下這樣亂，您還是出來管管吧。

謝安表面糊塗，實質清醒，他用最低的成本，達到了自己的目的。西元三六〇年，謝安終於出山做官了，而且一做官，就做了東晉權臣桓溫的司馬，最後一直做到丞相的高位。

做官的謝安，再也不裝糊塗了。縱觀謝安為官時期的作為，和施政方略，他主要做了以下幾件事情：

一、加強中央集權，調和高門世族和中央政權以及世族之間的矛盾。其中主要是抑制以桓溫為代表的世族桓家勢力的急劇擴張。有一次，桓溫以兵力為後盾，威逼丞相謝安去見他，還擺出一副要殺了謝安的樣子。謝安面對威脅，面不改色，照樣寒暄說話。弄得桓溫最後也改變了主意。

二、招集以流民為主的兵源，建立北府兵。這一招，不但解決了流民失業的問題，還為國家培養了強大的軍事力量。北府兵在對付北方少數民族政權入侵，調和中央和地方勢力的關係方面，做出了巨大的貢獻。

三、裁汰政府冗員，選拔人才。同時改革賦稅制度，減輕人民負擔。這項改革，節省了政府不必要的開支，也讓中等以下的世族納稅。政府收入增加了，一般百姓賦稅則降低了。

謝安是清醒的。這三項政策，對當時的東晉政權來說，可謂是一劑及時而又對症的良藥。使東晉社會矛盾減輕，國力大大的增強了。

等到淝水之戰時候，兩軍對壘，殺氣騰騰，國家的生死存亡決於一時。謝安做好了一切準備工作之後，並不親臨戰場指揮，而是故作悠閒，表現出一副毫不在意的樣子，躲在家中下棋。這又是放著明白裝糊塗，目的只不過是穩定人心。可是他終究是清醒的，等到戰勝的消息傳來，他假裝不在意，可是出門時候，把鞋子都踩斷了。

謝安不計小節，對眼前的得失並不放在心上，在醉朦朧中，等到來了對自己來說最好的時機，等到了有利於自己的格局，完成了自己的力量的累積，但是他又是清醒的，他深刻知道事情的關鍵所在，不計較小事的同時，又時刻關注根本大計，用最小的成本，達到了自己的目的，謝安最終成功了。當時人們對他寄予了非常大的希望，傳出一句話說：「天下蒼生望謝安」。

＊　＊　＊

在《論語》裏有這樣一句話：「甯武子邦有道，則智，邦無道，則愚。其智可及也，其愚不可及也。」

這句話的意思說：甯武子這個人在國家有道的時候就很聰明，國家無道的時候就像很愚笨的，他的聰明是別人可以做得到的，他的愚笨卻是別人做不到的。

這裡講的愚笨，不是真正智力上愚笨，而是因為聰明看透了事情的形勢，因為自己再聰明下去就會有災難，那麼就選擇了愚笨。愚笨，永遠是保護自己的最大法寶。

揚州八怪之一的鄭板橋，有一句名言叫：「難得糊塗」。鄭板橋是詩書畫都精絕的人才，想要糊塗有什麼難？好像生怕別人誤解，他又在下面做註說：「聰明難，糊塗尤難，由聰明而轉入糊塗更難。放一著，退一步，當下心安，非圖後來報也。」

人總想自己是清醒的。事的真偽，人的善惡，都在掌握之中。可是水至清則無魚，人至察則無徒，往往成為別人打擊的目標，因為對手擔心你的存在對他會構成威脅。

如果一個人時時清醒、事事清醒，一點都不苟且，那確實很可怕，起碼時勢不可能永遠有利於他，他的力量也不會永遠強大。同時也會讓一個人孤立，連一個朋友也沒有。一個完全清醒的人，至少會是一個很痛苦的人。

所以，清醒要有限度，要有範圍。看人要看本質，看事要看大局。一個人可以有一點小毛病，小問題，只要不是本質問題，就盡可原諒；無關緊要的小事，可以不妨糊塗一點，醉朦朧一點。放一著，退一步，與人方便，自己方便。

一個成功的人，一定是頭腦清醒的人。因為清醒，所以瞭解人性的缺點和事情的微妙之處。因此他能夠用人之長，棄人之短。瞭解事情的正面，也清楚事情的反面。這樣就能夠具有深刻的洞察力，和準確的判斷力，分清楚什麼是大局，什麼是小節，什麼是關鍵，什麼可忽略，什麼可利用，什麼可拋棄。這也是我們做事業的基礎。

不過只有清醒還是不夠的，一個成功的人，同時也是一個善於糊塗，善於醉朦朧的人。他要給人留餘地，給事情留下迴轉的空間。他得有超過常人的見識，該放下的就要放下，該假裝沒看見的就要假裝沒有看見，該不承認的就要不承認，該不相信的就要不相信。這樣才能爭取一切可利用的東西，為自己的事業服務，用最低的成本，獲得最大的成功。

一半賞到位，一半罰七分

賞是為了激勵，罰是為了警惕。所以賞一定要到位，罰一定要留情。只有這樣，才能最大地激勵對方，又可以把打擊面縮到最小。

有句話說：「無官一身輕。」說的是當官的累。的確，別看當官的表面上悠閒自在，整日坐在豪華的辦公室裏，喝喝茶、抽抽煙、看看報紙、聊聊天，其實誰肚子痛誰自己知道。要不怎麼就會有這「當官難，難當官」的句子留傳至今呢？當官也不是那麼好當的，先不說這要左右逢源兩不得罪了，僅僅如何管好下屬，讓他們踏踏實實跟著自己做，這裏面就大有文章可做。

有的領導者輕輕鬆鬆幾下子，就把下屬搞得服服帖帖，又老實又踏實，還把工作做得又快又好。有的領導者整天上躥下跳，累得焦頭爛額，下屬還是不買帳，不是滿腹牢騷怨天尤人，就是怨氣沖天消極怠工。

一個公司，如果管理得當，上下一心，工作效率自然就高，無形中投入的成本就會很低。而如果公司內部整天為分配不均搞得烏煙瘴氣的，那就極容易軍心渙散，懶惰成風，工作效率低下，成本自然就會居高不下。由此可見，一個公司的成本和效率的高低，與公司的領導管理者有著直接的關係。

其實，除非萬不得已，人在本性上都是趨利避害的，誰也不願意自找麻煩。作為一個領導者，如果能夠好好利用人性的這個特點，對有功的就賞，對有過的就罰，這樣賞罰分明，豈不就能皆大歡喜，誰也無話可說了？

但話又說回來，賞要賞得到位，罰要罰得心服口服，這可不是一件容易的事。而要既想輕輕鬆鬆地當個上司，又想讓大夥兒服服帖帖地做、熱火朝天地做，就必須好好地掌握賞罰的分寸。把握好了，眾志可以成城，把握不好，工作效率低不說，做不出成績，烏紗帽恐怕都難保了！

* * *

賞與罰就像兩個孿生兄弟，相應而生，缺一不可。但是在具體操作中，領導者具體應該怎樣賞，怎麼罰，賞到哪一分，罰到哪一分，就很難把握了。

蜀軍第一次北代時，由於馬謖失了街亭，所以蜀軍全線撤退。趙雲率領一路軍兵從箕谷迅速後撤。這時，魏軍乘著蜀軍大敗，士氣低落之際，乘勝追擊。作為主將，趙雲不顧個人安危，親自斷後，掩護主力撤退，同時還趁機打了幾個漂亮的伏擊，擋住了魏軍的攻勢。回到成都，諸葛亮感慨道：「此次出征，由於我的指揮不當，使我軍各部都傷亡慘重。唯有趙子龍這支部隊不但沒傷一兵一卒，沒丟一點糧草，而且還消滅了幾千敵軍，這才是真正的大將軍呀！」於是賞趙雲黃金千兩、蜀錦百匹，以資鼓勵。趙雲感動地說道：「全軍打了敗仗，自己怎麼能受賞？」他堅持不受，寧願與眾將士榮辱與共。

在這裡，我們先不說趙將軍的勇武與無私，也不去說這千兩黃金到底該不該要，單單諸葛亮的一個千金之賞就有太多的玄機妙處。也許有的人會說，一千兩黃金可不是個小數目，再加上蜀國挫敗，國庫空虛。如果每一個將軍立了功，都要這樣千金之賞，那豈不是成本太高了？但是，在諸葛亮的心中，卻也有一本成本帳。

我們可以想像一下，蜀軍第一次北伐就大敗而回，這時全軍的士氣低落可想而知。而諸葛亮的千金之賞，一時間讓所有的將士的心頭猛一激盪。在他們心目中，上面的領導者還是英明的，不僅賞罰分明，而且出手如此大方，對前途充滿了自信。儘管這次敗了，那是因為馬謖誤了大事，下次只要我們好好地打，還是可以打贏的。只要聽從諸葛亮軍師的指揮，下一次出征我們一定可以光復中原。而且，只要我們奮勇殺敵，上面是大大有賞的。因為今天的趙雲，很可能就是明天的自己。今天趙雲的千兩黃金，就可能成為明天自己的萬兩黃金。在他們的心目中，於是又重新燃起了希望的火花。

而如果這時諸葛亮以軍費吃緊為由，不對確實有功勳的趙雲有所獎勵，即使趙雲出於大局可以接受，而跟隨他一同拚殺的將士們一定會心有怨言。這些怨言流傳開來，將會使士氣更加低沉，對於穩定軍心極為不利。而在下次出征的時候，就更無法激勵將士奮勇殺敵的積極性了。這些都直接關係到蜀漢能不能恢復中原光復漢室的社稷大計，怎麼能是千兩黃金所能比擬得了的呢？

諸葛亮不愧為神機妙算，在他心裏，早已把這筆成本帳算得精透了。他用千兩黃金為成本，大賞趙雲，在全軍將士面前樹立了一個光輝的典範，發揮到了振聾發聵的效果，讓全軍看到努力作戰的結果，使軍心士氣為之一振，從而使全軍將士迅速從失敗的陰影裏擺脫出來，更加積極地投身到下一次出征的準備之中。

諸葛亮不僅賞得到位，而且還罰得心服口服，這表現在他對李嚴的處罰上。李嚴辦事幹練很有才華，是個難得的人才。劉備在白帝托孤時，曾令其與諸葛亮同為輔佐大臣，任中都護，留鎮永安。在諸葛亮第四次伐魏的時候，命李嚴在漢中負責後勤供應。但是，李嚴沒有及時籌集到糧草，他便寫信給諸葛亮說皇上命令退兵。諸葛亮退兵後，他又欺騙朝廷說此次退兵是為了誘敵。當諸葛亮回來後，他又故作驚問：「軍糧非常充足，為何突然退兵？」諸葛亮非常憤怒，於是在上朝時拿出李嚴的書信為據，與許多將士一道簽名上表，彈劾李嚴，將他貶為庶人，流放到梓潼。

如果說李嚴怠忽職守，沒有及時籌到糧草、運糧不濟，這也就罷了。但他不該跟諸葛亮玩什麼花招，更不該視軍國大事如兒戲，既騙軍師又騙皇上，臨頭了又出爾反爾，死不認帳。因為他的原因，蜀國上下處心積慮的第四次北伐再一次化為泡影。如果這樣的人不給予處罰，那麼蜀國將亂了規矩，國不成國。所以，儘管李嚴是托孤大臣，儘管他確實很有才華，但是諸葛亮並沒有因此而姑息他的罪過。

不過諸葛亮並沒有大開殺戒，即使是對李嚴，諸葛亮也照顧到他曾經對蜀漢有過大功，並且曾受先帝托孤，所以只是把他貶為庶民並沒有殺他。而對於他的兒子李豐，仍然繼續讓他擔任丞相府中郎參軍，讓他為己效力，後來還官至朱提太守。建興十二年，諸葛亮在五丈原病逝，李嚴聞知後，垂氣歎道：「哀歎武侯歸去早，從今知吾再無人。」因為除了諸葛亮之外，再沒有人可以認知他，提拔他了。沒有多久，他就憂憤而死。除了李嚴之外，廖立也是因為桀驁不馴、恃才狂傲而被諸葛亮貶官的一個人，但在諸葛亮死後，廖立也是長歎不已。為此，史書上留下了「李嚴垂氣，廖立嘆惜」的佳話。

即使是諸葛亮處罰過自己，李嚴和廖立對他還是心服口服、佩服有加的，這也充分說明了諸葛亮對李嚴的處罰在分寸上是拿捏得很精準的。試想當時，如果諸葛亮對他們不是手下留情，而是一律滿門抄斬，固然可以以儆效尤，但那樣做並不能挽回對國家所造成的損害，反而平白增加了許多仇怨。況且李嚴、廖立都是很有才華，如果再因為這而引起許多變亂，那更是划不來。因此，與其於事無補，還不如點到為止、情留幾分，反而省卻了不少麻煩。

由此可見，賞是為了激勵，罰是為了警惕。所以賞一定要重賞，罰一定要留情。只有這樣，才能最大地激勵主動，又可以把打擊面縮到最小。

* * *

作為領導者，賞罰一定要到位。如果光賞不罰，那就拉不開層次，起不到鼓勵先進、激勵後進的作用。如果光罰不賞，就容易一杆子打翻一條船，打擊了大夥兒的積極性。然而，並不是所有的領導者都能夠恰當地把握賞罰的分寸。有的人過於吝嗇封賞，有的人則是雖過不罰，更有的人是矯枉過正，反而使自己遭受到了損失。在歷史上，這樣的例子不勝枚舉。

西楚霸王之所以敗於劉邦，其中一個重要的原因，就是因為他在獎和罰方面沒有把握好分寸。首先，項羽用武力打敗了強秦，自恃武力，大封諸侯。在分封的時候，他總是根據自己的喜怒好惡，因此引起了各地諸侯的紛紛不滿，沒有多久就都起來反對他了。另外，在對待下屬上，他雖然很關心下屬的病痛和飲食，但是不善於從政治上關心人，如果手下有功該封爵了，他把印都刻好了，但就是直到把方印在手裏磨成了圓印，他還捨不得給！這怎麼能調動將士的殺敵立功的積極性？而劉邦則恰恰相反，他把整座整座的城池分封給自己的有功之臣，這樣還有誰不願意拚死效命的？

在對待降臣方面，項羽是大開殺戒。在秦將章邯率部歸降後，項羽不是對降兵善加督導，化為己用，而是因為害怕降卒不服趁黑夜把二十餘萬秦軍士兵全部坑殺。入關以後，項羽帶著士兵在咸陽大開殺戒，殺死已經投降的秦王子嬰，一把火燒了秦阿房宮，大火三月不絕。總之，凡是投降項羽的人，幾乎沒留下幾個活口。這樣一來，有誰還敢來投誠呢？儘管你霸王勇武，但與其投降了被你殺死，還不如奮力反抗，說不定還能爭取到活命。這樣的話，就會大大增加項羽攻城掠地的難度，成本自然大大的增加。回頭看一下，項羽所有佔領的地方，幾乎都是他一刀一槍打拚下來。這樣打仗多累呀！再看人家劉邦，幾乎沒打過幾次勝仗，但是他善於招降納叛，不但投降自己的人他照單全收，就是原來項羽的手下，只要歸到門下來，一律既往不咎，所以往往兵不血刃就可以得到一座城池。更為重要的是，這樣一來許多有識之士紛紛棄項投劉，這裏面就有韓信、陳平這樣的棟樑之才。時間一長，項羽的力量就越來越弱，劉邦的力量就越來越強。

項羽因為賞得太少、罰得太重，而失了江山。而張飛則是因為罰得太重，直接把自己的性命給送掉了。

眾所周知，張飛在戰場上有萬夫莫敵之勇，於百萬軍中取上將首級如探囊取物。就是這樣的一個猛將，可惜卻死在了自己的部下手裏。張飛性格本來就暴烈，聽說二哥關羽被殺，悲痛哭泣，眾將士就以酒相勸。不料張飛酒醉後，怒氣更大。只要有過失的士兵，都難逃他的一頓鞭打，甚至有的士兵因為一個小小的錯誤竟被鞭打至死。劉備多方勸他，依然無效。有一天，張飛下令限三日內製成白旗白甲，三軍掛孝伐吳。第二天，手下的兩個將領范姜、張達報告張飛白旗白甲一時無法做好，應該寬限些時日。張飛大怒，就讓武士把二人綁在樹上，每人在背上鞭打五十下。打完之後，還命令他倆明天一定要全部完成！如果違了期限，就殺他們兩個人示眾！二人滿口出血，滿腹牢騷的回到營中，合計了一下：張飛性暴如火，如果明天置辦不齊，兩人可能都會被殺。與其讓他殺我們，不如我們先殺了他。於是，兩人就乘著張飛這天夜裏喝得大醉，帶著刀進入營帳中，把張飛給殺了。不僅如此，他們還割下張飛的首級，到東吳領賞去了。

張飛死得實在是太冤了。但這又怨得了誰呢？即使自己的手下犯了錯誤，或者辦事不力，也不至於非要取人家的性命呀！須知兔子急了還是會咬人呢，何況是人呢？倘若當時，張飛對手下責罰稍為輕一些，也不至於落得個身死人手、身首異處的悲慘結果！

所以，領導者必須把握好賞罰的分寸尺度，做到既鼓勵先進，又適當地敲打後進，使大家都和衷共濟，更快更好地做事情。

* * *

一天深夜，一艘英國皇家船隊正在海上航行。這時，突然鍋爐艙燃起了大火，一時間，大火就蔓延開來，燃起了一丈多高的火苗。在船長威爾士公爵的指揮下，全體船員齊心協力，終於把大火撲滅了。在滅火的過程中，鍋爐工理查表現的十分出色，面對熊熊燃燒的烈火，他總是衝在最前面，冒著鍋爐隨時都可能爆炸的生命危險，連續數小時向鍋爐艙噴水，終於撲滅了鍋爐艙的火源，使大火得以有效地控制，因此挽救了全體船員的生命。

第二天清晨，在滿是灰燼的甲板上，在冉冉升起的米字國旗下，威爾士公爵在全體船員面前，親自向理查這位滅火大英雄致敬，同時還把一枚象徵著最高榮譽的英格蘭金十字勳章掛在了他的胸前，以表彰他在這次滅火中所表現出的英勇無畏精神。正當理查激動滿懷地向公爵表示感謝時，公爵的臉上卻變得異常嚴肅，他對著衛兵命令道：「來人，把理查立即帶下去，執行槍決！」

聽了這句話，所有的人都驚呆了。衛兵們站在那裡呆若木雞，不知所措。理查扭曲著臉，一動不動地站在那裡。公爵看看所有的人，嚴厲地說道：「根據我們的調查，正是因為你理查違犯規定在鍋爐間使用明火，才引起了這起大火。要不是我們大家齊心努力，這條船早已燒為灰燼，而我們現在早已葬身海底了！即使這樣，你也使我們的國家蒙受了不可挽回的重大損失。不錯，你是滅火的英雄，對於你的功勳，我和我的人民已經給予了你足夠的褒獎。但是，你是這起大火的罪魁禍首，你應該為自己的重大過失負責。所以，我要依據國家的法律，對你進行應有的懲處！」聽完了這些話，理查向公爵和全體船員深深地鞠了一躬，然後拔出手槍自殺了。

聽了這個故事，我們不禁為威爾士公爵的功過分明敬佩不已。也許有人會說，理查應該將功折罪，被貶為庶人。但是這是在英國，功就是功，過就是過，他們在這裡分得很清楚。而在現代企業裏，領導者更需要具備這樣一種功過分明的磊落胸懷。

在每一個企業裏，一般都有一些對於企業的發展進步曾經或者正在做出重要貢獻的人才。對於這樣的特殊人才，精明的企業領導者總是大獎特獎，以此來激勵這些人才繼續努力貢獻自己的力量，同時也為後進的員工樹立了一個標竿，刺激他們奮勇爭先，因此大大地提高工作的效率。

一個公司不能沒有賞，否則就會成為一潭死水，但是也不能光賞不罰，那樣的話，領導者當了好好先生，天天嘻嘻哈哈的，就容易姑息養奸，任憑壞的思想、壞的行為肆意漫延，就會使公司的效率越來越低，成本越來越高。

有一個公司總裁就是這樣。他一向對人和藹可親、平易近人，與下屬們親密無間，經常和他們一起打打牌、下下棋、遊山玩水。而對於員工偶爾的一些小錯，他也就睜一隻眼閉一隻眼的。久而久之，上班遲到、早退現象越來越頻繁，更有甚者竟然連續幾週不來上班，上司交給的任務不是馬馬虎虎的完成，就是乾脆拖個十天半個月的再去做。不到半年，公司的紀律幾乎蕩然無存，營業額和利潤直線下滑。

這時，總裁才發現不太對勁，再不管一管，公司就要成為一盤散沙了。於是，在一次公司大會上，他突然宣布曾經與他十分親密的一位好友因紀律散漫，業績很差而被開除。這一招果然十分管用，所有的員工看到此景，紛紛都振作起來，公司的效益也又重新有了起色。

俗話說：「林子大了，什麼鳥兒都有。」對好鳥就要獎勵，對壞鳥就要處罰。但也不是一棒子打死，而是有分寸地對待。當員工出現錯誤的時候，對員工的錯誤，不能不罰，但罰僅限於使人警惕，以儆效尤。如果不是原則性的大錯誤，我們大可以不必太過計較。罰並不是目的，罰是為了今天犯錯的人明天能不犯錯、不再被罰。如果為了處罰而去處罰，或者罰得太重，就容易陷入惡性循環，對於企業的發展與團結是非常不利的，也不利於企業高效運作。

有道是：「沒有規矩，不成方圓。」無論是在企業中，還是在任何一個部門裏，作為領導者都必須制訂確實可行的獎懲制度，並嚴格執行，做到賞罰分明。

除此之外，規矩都是人定的，我們何妨在原來的獎懲上再加入一些特殊的人情味？對功，我們不僅要賞，而且還要賞到位、重賞；對過，我們也要罰，只不過在罰的時候，要著重在說服教育，酌情從輕發落。只有這樣，我們才能把立功的人牢牢地拴住，使其長期為我所用。同時，我們也不要把有過的人一腳踢開，儘量拉攏他們，至少使他們對我們的處罰心服口服，不會因為怨恨而給我們帶來不必要的損失。也只有這樣，我們才能順利地以最低的成本實現公司運作的最高效率。

一半功成就，一半過保身

我們無法控制別人，卻能夠透過自己的行為做法影響別人，從而用最小的成本，獲得最大的利益。

人這一輩子，有兩件事情一定要做好，那就是一定要所成就，一定要保重生命和身體。

一個人，生活在這個世界上，不做出一番事業來，不取得點成就，那就是有點生得渺小活得委屈了。至於什麼是成就呢？因時而宜，因人而異。從大的方面說，可以對國家對社會做出一點貢獻；小一點來說，可以證明自己的存在價值；再小一點來說，可以擁有名譽、權勢、地位、財富，提高自己的生活品質。

可是每個人的成就並不是那麼容易就能獲得的，是需要付出一番努力的。有許多人，的確透過幾年甚至幾十年的努力，取得很高的社會地位，擁有了權力和財富。但是伴隨著地位、權力和財富的到來，更大的災難也出現了，不僅地位、財富、權力失去，同時還失去了自己與全家的人的性命。在歷史上這樣的人物比比皆是，無論他們是忠臣還是奸臣。

為什麼會出現這樣的情況呢？是因為那些人沒有才能嗎？答案是否定的。凡是能夠在事業上獲得一定成功的人，都是具有相當高的才華，稱得上是菁英，就算不是萬裏挑一，那麼至少也應該是百裏挑一。但是他們為什麼能取得那麼大的成就，為什麼就保不住成功立業的資本呢？

在這裡，就有一個成就與保身的矛盾所在。

什麼叫做成就？就是一個人在一定的領域裏取得一定的成績。要想在一個領域裏獲得成就，就必須要與其他人發生關係，也就是說，必須要加入某個團體或者成立一個團體。這個團體，可能是國家也可能是公司，或者是一個小家庭。我們只有以這個團體為平台，將自己的全部聰明才智都發揮出來，從而實現自己的人生抱負，建立起自己的成就。

這麼說起來，成就與自己事業的平台是密不可分的。因為只有這個平台穩定健康了，自己努力之後才會獲得成就。可是，我們取得成就之後一切就會像我們當初渴望的那樣嗎？那可說不定。

任何一個團體，都有一個外在的生存大環境，我們可以稱之為時局。這個時局如果亂了，比如說，兵荒馬亂、戰亂迭起，那麼這個時候最好的辦法就是明哲保身，待時而動。

其次，任何一個團體之中，必然也有著不同的派系在明爭暗鬥，這個時候依然是以明哲保身為佳，否則一旦站錯了邊，便有事業的危機。

再次，在這個團體之中必然有一個領導者，這個領導者的英明與否，決定著你的前途命運。如果你是這個團體的領導者，那麼你就必須考慮到平台的穩定和下屬的利益平衡，否則，同樣會影響到你的事業。

即使上面的一切條件都具備了，時局良好，全體團結，領袖也英明神武，那麼你同樣也有你的煩惱。為什麼呢？你得把握好自己在這個平台上的地位分寸，做多了、做得太好了不行，做少了、做得太糟糕了也不行。因為做多了、做得太好了，會招人嫉妒，可能連你的老闆對你都不太放心，擔心功高震主月明遮日。做少了、做得糟糕了，那更不行，沒有人會重視你，也不會有成功的機會，你的成就又從何而來？

這時，就要談到謀身了。

什麼叫謀身？身，就是自己，就是自身的利益。謀身，就是為自己打算，保住自身的利益，最起碼要保住自己的生存。你想獲得成就，首先就必須要考慮如何保護自己。如果連自己都不存在了，那還談什麼成就？同樣的，就算團體做強做大了，你自身卻不存在，那團體的做強做大，與你又有什麼意義？

當然，我們並不否認，在這個世界上，還有許多的人，為了整體的利益甘願犧牲自己的利益，甚至捨身成仁、壯烈就義。但是，在謀國與謀身之間取得一個平衡點，既能夠讓團體做強做大，同時又能夠保住自身的利益，獲得一個雙贏的結局，不是更好嗎？

所以，我們要想獲得事業的真正成功，就必須要恰當處理好自己在整個團體中的地位分寸，量力而行，看勢而動，這樣才能保持做人做事的最低成本。以最低的成本，既能功成名就，又能一生平安，長命百歲，能在烈火荊棘中全身而退，財富地位不失，豈不更好？

* * *

我們創造成就要有機會，機會是每個人取得成就的前提。但並不是每一個機會都適合任何人。機會，對他是機會；對你未必是，還可能是災難。

每個人都想儘快儘早地擁有成就，取得更高的社會地位，更多的財富，這沒有錯。但是機會出現的時候，你要仔細衡量一下看看自己的實力，看看周遭的環境，看看自己所在平台的其他人對自己支持率如何。

想要創造成就，一是有機會，二要有條件。只有機會出現，條件具備，你的行動才會換來成就。兩者都不可或缺，盲目的為了成就而行動，不但不能取得成就，反而會一敗塗地。

晁錯就是一個只想取得成就，但不會保身的典型例子，最後把做人的成本給賠光了。

晁錯是西漢景帝時期人，在朝廷上擔任著御史大夫一職。他向漢景帝提出了削藩的政策，幫助漢景帝驅除亂國之患而成就一番偉業，而他的死，也同樣是死在這件事情上。

削藩，是漢景帝時代的一個大事。漢高祖劉邦建立了漢帝國之後，擔心自己的子孫保不住這份家業，於是就建立了許多藩國。而這些藩國的國王，都是劉氏一族的近親。劉邦的本意是好的，他想，如果將來有人謀反的話，那麼這些藩王，肯定會為了保住劉氏一族的江山社稷而協助皇帝平定叛亂，這不是很好的幫手嗎？但劉邦萬萬沒有想到的是，如果這些藩王們謀反了，那又該怎麼辦呢？

其實就算這些藩王們不謀反，削藩也一定是要進行的。為什麼呢？天無二日，國無二主嘛。這些藩王都是有實權的，不是擺在那裡的傀儡。他們有領土，有軍隊，還有稅收。如果地盤夠大，人口夠多，資源豐富，再發展下去實力就可能超過漢室朝廷。請問一下，有哪一位皇帝會願意自己的身邊，存在這樣一個或者幾個心腹大患？再說，就算這一代的藩王不謀反，能保證他的兒子、孫子、曾孫子不謀反嗎？

因此，削藩也就是消滅這些藩王的實力和權力，是必須要進行的。這是利國利民的大事，有助於整個國家的統一團結和長治久安。晁錯正是看到了這一點，覺得漢景帝也有此意，正是自己取得成就的絕佳時機，所以才向漢景帝提出了削藩的政策。

可是削藩是要得罪人的，首先一點就是，肯定會得罪那些藩王。藩國是他們的領土，他們的利益，現在晁錯提出削藩，就是要削奪他們的領土他們的利益。奪人錢財如殺人父母，這些藩王們能不恨晁錯嗎？因此，以吳王劉濞為首的幾個藩王們就打著「清君側」的旗號開始造反。這就是在歷史上赫赫有名的「七國之亂」。

所謂的「清君側」，就是清除君王身邊的奸臣。劉濞他們當然不可能直接地說我要造反奪權，師出有名好打仗。而他們所要「清」的這個奸臣，自然就是晁錯，因為就是他想立功提出的削藩政策。七國軍事力量非朝廷能抗衡，這樣一來，整個朝廷就慌了，許多大臣就建議將晁錯交出去。且不說他們的提議正確與否，但這個提議一出，自然就危及到了晁錯的身家性命。

現在問題就來了。晁錯提出的削藩建議是為了國家的長遠利益來考慮，是正確的，但是他的這個正確的建議卻危害到了他的自身。成就與保身之間發生了衝突，那麼他該怎麼做呢？

其實晁錯也不是沒有考慮到這個衝突。當他剛開始推行削藩政策的時候，他的父親特地從老家趕過來，老先生是個明白人，問晁錯：皇帝剛剛即位，你就建議他侵削諸侯，離間人家骨肉，究竟是為了什麼？晁錯回答說：不這樣做，皇帝的威嚴無法保證，江山社稷也不安穩。老先生就說，他們劉家倒是安穩了，我們晁家可就危險了。我走了，你愛怎麼做就怎麼做吧，於是就服毒自殺了。

看到這對父子間的對答，我們就會覺得，晁錯利用為國家消除隱患的機會想取得成就是一件利國利己的事情，皇帝也想除去心腹大患，自己不提出來肯定也會有人提出來，自己為什麼要錯過這樣的機會呢？

可是，他只看到了取得成就的機會，而忽略了取得成就的條件。國家到現在，已經沒有任何軍事實力與藩王對峙。而他要取得的成就，就必須依靠實力征服藩王，不可能一道聖旨下去藩王就會把軍權、政權乖乖地交了出來。兔子急了都會咬手，更別說對皇帝寶座已經窺視很久擁兵自重的藩王了。

在政治和軍事的平台上想取得成就，是需要考慮全盤大局的，該堅持的時候堅持，該妥協的時候妥協。政治家做事，往往不是問：「該不該做？」而是問：「能不能做？什麼時候做？該怎麼做？」晁錯事先沒有考慮好事情的後果，事後沒有提出具體的解決辦法，而只是魯莽的提出「削藩」，時機對了，條件不成熟，從這一點上來說，他想在政治的平台上取得成就只能是妄想、空想。

在晁錯看到機會想取得成就的時候，就應該想到他是作為削藩政策的策劃者和執行者，他所提出的建議，這個建議極有可能激發朝廷與藩王的矛盾，刀兵相見在所難免。而朝廷的軍事力量遠不及藩王，肯定給朝廷帶來危害，朝廷即使想暫時消除危害就得拿他當擋箭牌或者是替罪羔羊。

因此，無論是為了他自己的成就，在提這個建議之前，他都必須要事前詳細的規劃，事後拿出可行性的解決方案。如果他真的這麼做了，那麼，他的削藩事業不僅會獲得成功，而且自身也將得到巨大的利益，可以說是一個雙贏的結局。

可是晁錯為了成就，有些奮不顧身了，到了忘乎所以的地步，不考慮自己的身家性命，也把別人拉上了逢賭必輸的賭局之中。那麼，他所推出來的政策，必然是強硬的、粗魯的、缺乏人性化的，又怎麼會全盤考慮計劃周密？又怎麼能不惹出亂子？

這就是晁錯的錯了。他的錯，就在於做人的錯誤。他以為，只要自己的方向是對的，時機到了，只要自己奮不顧身就一定能成就事業。然而他卻沒有想到，一個連自己都不能保全的人，又如何能談到功成名就？

最後的結局，自然也就很清楚了。漢景帝為了向七國有個交待，於是殺掉了晁錯。漢景帝的這種做法，雖然遭到了後世的指責，但對於晁錯來說，一切都已經晚了，他已經因此而付出了生命的代價。

如果再給晁錯一次重來的機會，他就會知道自己做人的成本太高了。用生命的代價去換取事業的成功，可是這個事業即使能成功，成就已經與自己再也沒有任何的關係。為他人做嫁衣裳，這樣的付出，值得嗎？

沒有人不希望獲得事業的成功，但當生命都失去的時候，成功又有什麼意義？所以，在追求成功的同時，我們也必須保住自身。只有自身存在了，成功才有其存在的價值。

＊　＊　＊

人的思維中有一種慣性，就是只接受自己願意接受的事物，只相信自己願意相信的事情。這種慣性促使我們往往只看到了事情好的一面，卻看不到事情壞的一面，只看到了成功之後的輝煌，卻忘記了輝煌背後的危險性。

我們不應該忘記，隨著每一次的成功，也就意味著權力的重新洗牌，利益的重新分配；同樣也意味著重新樹立更多的對手，遇到更強大的阻力。在這個時候，我們沒有必要硬碰硬，稍稍退讓一下，委屈一下自己是正確的選擇。這種退讓，不是怯懦，更不是放棄，而是戰術上的迂迴轉折，是為了保住自身，避免成為眾矢之的方法，是為了將來取得更大成功所做的準備。

漢高祖十二年，也就是西元前一九五年，黥布反叛，漢高祖劉邦親自帶兵前往平亂，任命蕭何為監國鎮守後方。本來應該說，這是蕭何的老本行了，自從跟隨劉邦起兵開始，蕭何做的就是這個工作，而且這個工作他也一直做得很好，得心應手、遊刃有餘。前方在打仗需要的是什麼？一個是後方的安定，不能讓後院著火扯後腿；另一個就是後方的支援，能夠源源不斷地為前方運送兵馬糧食。

可是蕭何卻沒有這麼做。不僅沒有這麼做，相反，他卻故意破壞後方的安定團結。他是怎麼做的呢？史書上記載說，他聽從了門客的建議，採用強取豪奪的辦法，購買了許多田地，搞得老百姓怨聲載道。因此，劉邦班師回朝的時候，竟然有許多老百姓攔路告狀。從這個告狀的事情可以看出，第一，蕭何購買的土地必然很多；第二，造成的民憤極大，影響極壞；否則，憑藉蕭何的威望地位，相信是沒有多少人敢去告這個狀的。

而劉邦的處置也頗為奇怪。劉邦收到狀紙之後，不僅沒有生氣反而很高興，將蕭何叫過來笑罵道：「你這個相國竟是這樣『利民』！」然後把狀子交給蕭何，說：「你自己向百姓們謝罪吧。」

這就很有意思了。第一，我們都知道，蕭何一向都是個謹慎小心廉潔奉公的能臣忠臣，但為什麼會做出這種自毀名聲的惡霸行為呢？第二，對於蕭何的違法亂紀，劉邦為什麼不僅不生氣，反而很高興呢？

因為時代變了！環境變了！

劉邦與蕭何，是在沛縣時期就共同生活在一起的好朋友，兩人共同起兵反秦，共同經歷了諸多的風風雨雨和生死磨難。應該說，由於有了這樣一層的戰友關係，劉邦對於蕭何的信任和倚重，是其他人都無法比擬的。所以，我們可以看到，當到達蜀中之後，劉邦聽到丞相蕭何逃走的消息之後，竟然又驚又怒，如同失去左右手一樣。當然，我們知道這完全是一場誤會，蕭何並沒有逃跑，而是追韓信去了。可是，在劉邦的這個驚怒之中，我們同樣可以看出他對蕭何是如何的看重。後來蕭何推薦韓信做大將，劉邦想也不想就答應了，既沒有說要通過什麼考察，也沒有說要去看看韓信是個什麼人。這是為什麼呢？固然有劉邦灑脫的本性在內，但更重要的是，他對蕭何是絕對信任的。任命大將這麼重要的事情，居然只要蕭何的一句話就通過了。

這一段時期，可以說是劉邦與蕭何之間的蜜月時期。他們之間的關係，完全可以拿來和劉備與諸葛亮之間的關係相媲美。

但是，隨著劉邦地位的提高，而且敵人一個個的滅亡，兩個人之間的關係也就產生了本質性的變化。蕭何雖然依舊是劉邦的左右手，但同時也成為了他潛在的敵人。劉邦時時刻刻擔心著他會謀奪自己的皇位，因此對他諸多防範。

在這個時候，蕭何該怎麼做呢？他難道能夠憤怒地指責劉邦說，我蕭何並沒有做任何對不起你的事情，也從來沒有這個想法，我對你赤膽忠心，鞠躬盡瘁死而後已，你不能這樣對我！或者，他並不指責劉邦，卻採取辭官歸隱的辦法來無言的抗議，表達出自己的不滿。這兩種辦法，應該說都是合理的，是義正詞嚴的。

然而，合理並不代表著正確。如果蕭何真的這麼做了，那他的腦袋恐怕也就保不住了，他的丞相地位，他建立一個新帝國的理想，他一生的事業也就全部斷送。

只有先保住了自己，然後才能保住自己的事業。留得青山在，不怕沒柴燒。

於是，蕭何退讓了。他自己玷污了自己的名譽，透過這種方式，給了劉邦一個把柄，表達了自己只想貪圖食衣住行上的一點小利，沒那麼大的野心。劉邦見蕭何只是一個小利意識的傢伙，根本成不了大事，於是就放棄了對他的猜忌。蕭何的生命得以保全，事業得以繼續，劉邦也不會失去一個又能幹又忠心的得力助手，雙方形成了一個雙贏的結局。

在建立自己功業的同時，又能保住自己的安全，這就使蕭何做人很成功。千百年來，一直被後人傳為美談。

大局一定，對手消失，開疆拓土時的功勞就可能是一把刀了。在歷史上，有幾個開國功臣得以善終？現在又有幾家公司的原始股東在親密合作？這個時候，能保住我們財富和地位的可能不是功勞，而是我們時不時犯點小錯誤，裝傻一點，對別人構不成威脅，自然就不會成了別人射程之內的靶子。

該立功的時候立功，該犯錯誤的時候適當犯點不要緊的小錯誤，這也是我們全身而退的做人要領，這樣做人做事成本很低。

* * *

成功的滋味是美好的，追求成功是每個人都會去做的。但成功固然重要，保全自身更為重要。自身都無法保全，又何談什麼事業的成功？

在追求成功的過程中，我們一定要小心謹慎，步步為營。眼睛不能光往上看，也應該經常往下看。否則，就會如同笑話中的天文學家那樣，雖然仰望著星空，卻掉進了水溝，從此萬劫不復。

我們要知道，做事就是在做人。做人做好了，事情也就成功了。別人的想法，別人的態度是我們無法控制的。然而，自己的想法，自己的態度卻是我們能控制的。我們無法控制別人，卻能夠透過自己的行為做法來影響別人，從而用最小的成本，獲得最大的利益。這是聰明人做人的準則。

一半屬於人，一半方歸我

做事，其實就是在做人。做人成功了，做事也必然會成功。善於低成本做人的人，會把敵人變為朋友。而那些做人成本高的人，則會把朋友變為敵人。

「獨木不成林」，意思就是說，單獨一個人，就算你的本事再大，也是難以獲得成功的。為什麼呢？因為人是一個群體的動物，無論做什麼事情，都不可能不與社會上的其他人發生關係。也就是說，一個人的事業成功與否，不僅決定於自身的條件，而且往往還受到環境因素的制約。而這個環境條件的制約，在很大程度上來說，就是人。因此，有人說事業的成功，其實就是人際關係的成功。這話雖然有些偏頗，但卻也是不無道理的。

現代社會的每個人，都希望獲得成功。但我們要知道，要想獲得事業的成功，首先就是能獲得別人的幫助，這是毋庸置疑的。俗話說得好，得人才者得天下嘛。那麼，別人為什麼願意幫助你呢？天下沒有白吃的午餐，別人願意幫助你，願意和你一起成就事業，肯定是有他自身的考量。要麼為名，要麼為利，要麼為了情義。無論是為了哪一個，總之，你必須給人家好處才行，沒有好處誰願意和你一起做？

我們還要知道，要想獲得事業的成功，還有就是要儘量減少自己的敵人。敵人越多，你遇到的艱難險阻也就越大，因而也就越難獲得成功。有些人雖然成事不足，敗事卻是綽綽有餘的，而對於這些人，你往往惹不起也躲不掉。那麼，對於這些人又該怎麼處理呢？其實方法也很簡單，同樣是給予他們好處，讓別人和你一起分享成功的收穫。這樣一來，就算不能交上朋友，至少也不會成為你的敵人。

這樣說起來，無論是為了增加朋友，還是為了減少敵人，低成本做人都是必須的。你不能將所有的功勞都歸於自己一個人身上，而必須與大家一起分享。否則，你的朋友會心寒，離你而去，甚至變為你的敵人，而你的敵人也會越來越多，造成你最終的失敗。

然而人性總是自私的。有許多人認為，自己的成功，就是自己一個人努力的結果，和他人沒有任何的關係，因此也沒有必要與他人分享自己的成功。在現實生活中，這些人我們往往能見到不少，但同樣的，我們也都知道這些人的最後結局往往也並不美好。道理說起來其實也很簡單，眾叛親離，獨木難支。他們忘記了，他們是生活在這個社會當中的，是與這個社會當中的其他人有著牽扯不斷的關係。沒有別人的幫助，是不可能獲得成功；樹立的敵人越多，也越難獲得成功。就算暫時獲得了成功，那樣的成功也必然不能長久。

做事，其實就是在做人，做人成功了，做事也必然會成功。善於低成本做人的人，會把敵人變為朋友，而那些做人成本高的人，則會把朋友變為敵人。對於功勞只會自己獨享的人，他的做人必然是不成功的，做事最後結果一定是失敗的，人生的利潤肯定為零甚至是負數。因為他只有敵人，沒有朋友。

* * *

在二月河的歷史小說《乾隆皇帝》中，有這麼一個故事：後來成為首席軍機大臣的阿桂，最初當的是一個小小的知府。他上任後不久，在他治理下的一個小縣中，發生了監獄暴動事件。犯人們劫持了前來視察的知縣大人，以他作為人質，意圖越獄逃跑。這件事情在朝野上下都引起了很大的轟動，就連乾隆皇帝也很關心此事，準備發兵平亂。

這個時候，阿桂他親自帶領著二十多個清兵混進數百名犯人之中，不費朝廷的一兵一卒，就抓住了犯人首領，平定了這場暴亂，使一場大禍消弭於無形之中。當然，整件事情完全可以說是阿桂一個人的功勞，他的幕僚們因此而得意非常，準備好好的寫上一篇奏摺，將這份功勞大肆渲染一番。

從道理上來說，這是理所當然的，可是阿桂卻說：「不行，這奏摺不該這麼寫。」那麼，該怎麼寫呢？阿桂說，這件案子我雖然沒有什麼責任，但也不是什麼光彩事。因此，這奏摺要寫三條：第一，督撫坐鎮指揮，方略明晰；第二，將士們用命，奮力拿賊得力；第三，賴皇上洪福，生擒匪首消弭隱患。總之一句話，這件事情中，我的上司是有功勞的，我的部下也是有功勞的，皇上當然更是有功勞的，就我是沒有功勞的。

這些字看起來，很是有些稀奇，但他的幕僚們都是精明之人，很快就明白過來了：

第一，阿桂親自帶兵平定暴亂，這功勞是明擺著的，誰也搶不去，因此不用特意去渲染。過度渲染，反而是在邀功了；第二，給上司順帶記上一功，不費自己任何本錢，卻讓他們欠了一個人情，將來大有用處。就算他們不稀罕這個人情，但俗話說花轎子人人抬，至少也不會故意去和你為難；第三，皇帝臉上也很有光彩。這表示皇帝很會識人用人嘛，當然很有光彩了。因此，這篇奏摺一上，乾隆皇帝頓時大悅，不僅重重誇獎了阿桂一番，對阿桂的上司孫國璽也加以表揚，阿桂因此而走上了飛黃騰達的道路。

這就是阿桂很會做人。我們要知道，一個人成功之後，往往會引來其他人的嫉妒。這嫉妒，有可能來自你的同僚，也有可能來自你的上司。這些人，或許沒有什麼很大的才能，不能成就什麼大事，但在扯人後腿抓人小辮子上卻很有一手。人非聖賢，孰能無過？誰能保證自己永遠沒有犯錯誤的時候？誰又能保證自己沒有小辮子會被人抓？就算你真的完美無瑕，但別人硬要在雞蛋裏挑骨頭，你也是沒有辦法的。在這個時候，適當的將自己的功勞分給別人一點，對你並沒有什麼損失；別人得到了好處，也就不會存心找你的麻煩，讓你避免了更大的禍患，豈不是很好？

因此我們來看看阿桂的那篇奏摺，如果當初不是那麼寫的話，會是怎麼樣的一個情形？首先，他的頂頭上司孫國璽就會不太高興。孫國璽如果度量寬大的話，不過是付之一笑，但肯定不會感謝阿桂。如果孫國璽度量狹小，那阿桂可就麻煩了。為什麼呢？因為如果你阿桂這麼有本事，那不就證明我這個上司無能了嗎？他要是有了這個心，存心找阿桂的麻煩，還怕找不到嗎？其次，乾隆皇帝也不會這麼欣賞阿桂。功勞全歸阿桂所有，不錯，這的確是你阿桂應得的，但也不過證明你阿桂是一個有勇有謀的將才而已；但阿桂這麼一寫，卻證明他不僅是一個將才，而且還是個帥才，能夠協調處理好各方面的關係。將才易求，帥才難得。乾隆皇帝的心目中，因而對阿桂的評價更上了一層。

我們再想另一層，其實還會發現，阿桂這麼做是一個很高明的分攤風險的辦法。假設一下，如果阿桂在平定暴亂這件事情中，出現了什麼後遺症，留下了什麼紕漏。那麼，那些曾經得到他好處的人，必定會想方設法為他遮掩，替他彌補漏洞，這是必然的事情。因為他們也在這件事情中分享到了功勞。如果他們不替阿桂彌補這個漏洞，那他們的功勞不也就沒有了？因此，為了保住自己的功勞，這些人肯定會幫助阿桂查漏補缺。那麼，阿桂的功勞因此也就保住了。這樣看起來，阿桂的這篇奏摺，並不僅僅是賣給上司的人情，而且還消除了隱患，實在是高明至極。

說來說去，阿桂其實是對人性瞭解得很清楚。他知道，人的本性其實都是自私的，只願意為了自己的利益而付出代價。有了利益，別人就願意幫助你，為你勞心勞力；沒有利益，別人就不會跟隨你，更不會為你去承擔責任。利益你得，苦難他背，天底下哪有這麼好的事情？所以，他給予了別人利益（和別人一起分享功勞），而別人也因此願意為他承擔責任（如果出了什麼紕漏，會替阿桂查漏補缺）。

所以說，阿桂最終能當上首席軍機大臣不是沒有道理的。我們要知道，一個人地位越高，所面對的問題越複雜。而且這些問題，往往不是具體的技術層次方面的問題，這些問題自然有專門的專家去解決，他所要面對的，其實是人際關係方面的問題。如何協調處理好各方面的關係，化矛盾為和睦，讓大家都朝著一個目標去奮鬥，這才是地位高的人所要努力的方向。因此，古人對於宰相職責的解釋是：「上佐天子，下撫萬民，外鎮諸侯，內督百官。」這些職責，說穿了其實就是一句話：調和各方面的關係，讓大家都滿意。阿桂正是由於有了這一品質，所以最終才當上了首席軍機大臣。

其實不僅是當官，我們平日裏做人也一樣要做到這點。中國人喜歡說「人情」，講「關係」；有來有往才叫「人情」，互相幫助才叫「關係」，人與人之間都是互動的。

你得意時不願和人分享，失意時卻要別人來幫忙，誰會願意和你做朋友？沒有朋友的幫助，你又談什麼成功？

和別人一起分享利益，這不是怯懦，更不是故作大方，而是在這個競爭激烈的社會當中生存下去的必須手段。你要想獲得成功，就必須有忠誠的部下，良好的人際關係網，而要擁有這一切，就意味著你不得不把自己的利益拿出來與別人分享。保住了他們的利益，才能最終保住你自己的利益。

獨食的人是可悲的。他的可悲之處在於他只能享受短暫的成功，卻為自己埋下了更大的隱患。這樣子做人，必然會碰得頭破血流。

* * *

評判一個人物，往往首先看重的不是他的才能，而是他的氣度。所謂的「豪傑」，首先是「豪」，然後才是「傑」。豪者：豪氣、豪爽、心胸開闊者也。傑者：立於眾人之上者也。許多擁有傑出才能的人，往往要麼就是懷才不遇鬱鬱而終，要麼就是為別人打工自己卻當不了老闆，原因就在於他們沒有立於眾人之上的氣度，不能稱得上是「豪傑」。相反，那些雖然沒有什麼傑出才華但卻氣度宏大的人，往往卻能成就大事。比如說宋江，又比如說劉邦。宋江是個「文不能安邦，武不能定國」的墨筆小吏，劉邦是個屢戰屢敗的流氓無賴。但就是這墨筆小吏和流氓無賴，卻能聚集大批的能人智士為他所用，這是為什麼呢？

我們都知道，擁有才華的人都擁有相當大的自信。有自信當然是好事，但過於自信的人就容易產生自負而看不起別人。他們往往以為事情的成功是自己一個人的功勞，自己才是主角，其他人都是配角，可有可無。因此，這些人是很難心甘情願讓別人分享功勞的。

但這個世界上沒有全才，也不可能有全才。人的精力和才華是有局限性的，他不可能在每個領域都是專家，不可能不需要他人的幫助。因此，這才有了分工的不同。也就是說，一件事情的成功，是大家全體努力的結果，不可能只歸功於一個人。如果某個人妄想獨佔所有的功勞，那他就必然侵犯了他人的利益，也就必然會被這個團體所拋棄。

這種情形在體育運動中尤其表現得特別明顯，我們都知道，在諸如足球、籃球之類的體育運動中，分工是很明顯的，前鋒有前鋒的重要性，後衛有後衛的重要性，最講究的就是團體的配合，最忌諱的就是逞個人英雄。在這樣的一個團體中，如果某個人需要大家都犧牲自己來配合他，讓他獨享榮譽的光輝，那這個人肯定就是害群之馬，在這個團體中是混不下去的。

NBA中就有這樣的一個典型人物，那就是壞小子聯盟得分王阿倫．艾弗森。說起艾弗森，他的個人能力是相當強的，他是七六人隊一九九六年的選秀狀元，曾帶領七六人隊打進NBA的總決賽，獲得過最有價值成員（MVP），還有三次成為季賽的得分王。應該說，這樣的榮譽和資料足以讓所有人稱讚，但結果是艾弗森卻被七六人隊踢出了家門，為什麼呢？

原因其實很簡單，艾弗森這個人，太喜歡當個人英雄了。眾所周知，艾弗森是那種一定要自己控制球，喜歡自己單獨得分的球員。這樣的球員，往往都需要隊友為他做出犧牲，甘願當起無私的防守悍將，透過自己堅強的防守為他創造出一次又一次的投籃機會。這種做法，在一次兩次比賽中是正常的戰術安排，但時間久了就很容易為人所詬病。

不錯，艾弗森是得分王，但這個得分王卻是用出手次數換來的，也就是說，他的出手命中率其實不是很高，只是出手次數比別人多。艾弗森在七六人隊有著無限出手的權利，這是對他才能的認可。但他的很多次出手都是在十分勉強的情況下投出去的，這就很讓人非議了：為什麼不傳給隊友，讓隊友出手呢？難道一定要自己親自投籃才開心？這不是逞個人英雄是什麼？

正是因為艾弗森浪費了球隊寶貴的投籃機會，這才使得七六人隊一直無法成為真正的王者。韋伯等人都公開抱怨過自己出手次數太少，這都是拜艾佛森所賜。我們經常把他一對一的超強能力幻想成了他統治比賽的能力，這就是很多人看不清楚事實的問題所在。

艾弗森是得分王，但他這個得分王，是在其他隊員犧牲自己出手機會的情況下獲得的；他的資料是很光鮮，但這個光鮮卻是用七六人隊一次又一次的失敗換來的。他個人成功了，但整個團隊卻失敗了。而老闆要的不是他球隊裏存在不存在得分王，要的是總冠軍。老闆為了能拿到總冠軍，只能拿這樣自私的人開刀了。

在一個團體之中，總會有一兩個像艾弗森這樣能力超強的人，他們也的確為整個團體的成功做出了最大的貢獻。但這並不表示其他人的存在是可有可無的，並不表示其他人是沒有任何功勞的。如果將所有的榮譽都歸於這一兩個人身上，所有的利益都只由這一兩個人分享，那麼這個團體必然是不安定的，也是很難取得成功的。而這樣的一兩個人，也就無法成為領軍人物，因為他們沒有立於眾人之上的氣度，不配被稱之為「豪傑」。這就是為什麼老闆都欣賞喬丹，卻不欣賞艾弗森的原因。

人的本性是自私的，都想攫取屬於自己的最大利益。然而一個人生活在這個世界上，就不可能不與他人發生關係，不可能不加入某個團體。一個家庭，一個公司，一個國家，一個社會。當你在這個團體之中攫取利益的時候，也就不可能不與他人的利益發生衝突。

聰明的人，知道只有團體的利益保住了，才能保住個人的利益。於是，他們往往會讓出一部分屬於自己的利益與別人分享，讓這個團體獲得更大的成功以及更大的利益，因此也為自己創造出更多的利益。愚蠢的人，則只會看到眼前的利益，甚至會為了攫取更多的利益而損害他人的利益。團體的利益如果保不住，又怎麼能保住個人的利益？他們不僅為自己樹立了更多的敵人，同時也埋葬了自己的前途。

＊　＊　＊

中國人講究「以和為貴」，而這個「和」，其實就是人際關係的和諧。家庭的和諧，公司的和諧，社會的和諧……，有了這個和諧的環境，人的生活才能變得輕鬆、幸福、自在。然而，遺憾的是，在現實生活中，人與人之間的關係卻往往會出現一些不和諧的音符，產生一些矛盾和摩擦。這其中，就與某一方的利益受損有關。

人際關係要想達到和諧，平衡是最重要的。任何一個好的關係都是雙方受益。如果一方長期受損，這種關係是無法長久的。因此，要想有效的化解矛盾，消除摩擦，就不能太自私，而應該堅持互惠互利，追求雙贏。

在人際交往中，只要我們肯讓自己先退一步，肯把對方的面子給足，肯在自己的底線上留有一定的彈性，肯與對方利益共用，共謀發展，那麼，就一定能取得溝通的最佳效果，也一定能使人際關係變得更加和諧。

生活的成本，做人的成本，是我們能夠控制的，也是必須要控制的。為了眼前的利益，而破壞了和諧的人際關係，是必須要付出代價的。這樣子做人，必然是得不償失。

一半今天有，一半明天無

一個人活在世上，必須清楚地明白自己是一個什麼樣子的人，處在什麼樣子的位置和階段，哪些是應該屬於自己的，哪些是不應該屬於自己的。得到自己應該擁有的需要多大的成本，得到自己不該擁有的又要付出多大的成本。

一個人來到這個世界的時候，赤裸裸的除了一個鮮活的生命而一無所有。那時，他的手抓得緊緊的，因為他來到這個世界上就是為了抓到一些屬於自己或者不屬於自己的東西。當一個人死去的時候，也同樣是赤裸裸的，而他的手是完全張開的，因為不管他甘心不甘心，生前苦心經營的一切、獲得的一切，都必須要放下，除了放下別無選擇。

生命如果不存在，一切對這個人而言都是毫無價值的。一切只有在生命和自由存在的前提下，才能去關注它到底有沒有價值。

生命中的一些東西，是無法預見更是無法預約的。該來的一定會來，不該來的強求也是得不到。唯一能預見的就是一個人的死亡，但是死亡什麼時候到來，誰也不知道，也許是幾十年之後，也許就是幾分鐘之內。

一部萬經之首的《周易》，其實就講了十二個字：「物極必反，周而復始，生生不息」，道出了人生有和無的道理。**對於一個人而言，任何形式的有和任何形式的無，都是相對而不是絕對的，它們會因為時間和空間的轉換而轉化。**你今天得意的名和利，明天就可能是你恐懼的鎖和枷。

每個人都認為自己是個明白人，但事實上並不是每個人都能活得明白。

想活得明白，活得沒那麼累，活到不得不放下一切時無憾無悔，其實很簡單，那就是弄清楚什麼是真正的有、什麼是真正的無就可以了。

* * *

俗話說：「十年河東，十年河西」，道盡了人世間滄海桑田的變遷。而「花無百日紅，人無百日好」則道出了人生命運的複雜多變。今日高官厚祿、花好月圓，明朝鋃鐺入獄、殃及九族。悠悠五千年文明史中，這樣的例子不勝枚舉。

秦朝李斯，以一門客身份被呂不韋舉薦於秦始皇面前，受其重用，拜為丞相，對其言聽計從。當時的李斯，可謂紅極一時、權勢沖天。秦始皇死後，李斯為了繼續把持朝政，竟與趙高勾結，假擬詔書，害死扶蘇和蒙氏父子。為了權慾，李斯可以說是傷天害理、喪盡天良，結果卻被趙高給陷害，落得個車裂於市的下場。

從一個門客到一國丞相，李斯可謂步履艱難，耗費半生苦心經營，終於得到了顯赫的功名權勢。然而一朝失勢，他不僅失去了所有的權力，就連最寶貴的生命也賠了進去。這也難怪當年李斯在被押赴刑場的途中，淒然回首對他的兒子慨然歎道：「如今的你我，連回上蔡老家到城外遛遛黃狗都不可得呀！」

在現實生活中，有許多人其實本來已經很有權力，但當他看見別人擁有了比自己更高的權力時，當他看見別人的待遇比自己好時，他就會忍不住開始眼紅。於是他們就開始絞盡腦汁謀取這些權力。當他得到了一些權力之時，他又開始把眼光盯上了更高的權力，於是他又開始了新一輪的爭取。當他不能透過正當的途徑取得權力時，他就會採取其他不正當的途徑來謀取……如此周而復始，永無止境。

正是在對權勢無限貪婪的追逐中，他們失去了理智、失去了人性，進而失去了自己本來已經擁有的一切。有一天，當他們費盡心力苦心經營的職位轟然坍塌，他們才會發現自己竟然是白忙一場，結果什麼也沒有得到！那些權力本來就不屬於他們，只是在他們手中過了一圈，現在又不屬於他們了。

除了權勢，金錢也可以使一個人的命運發生轉折！

明朝大太監劉瑾，不僅利用自己手中的特權獨攬朝綱，而且還利用各種手段瘋狂聚斂財富。一朝東窗事發，不僅全部家產悉數抄沒，而且劉瑾自己也被處以極刑。據史書記載：抄沒劉瑾家產時，僅金銀一項就達三千萬兩，僅此一項就可達官府三年的財政收入！

對於劉瑾而言，他已經從一個不知名的小太監，一步步地爬到了太監總管的高位。他已經擁有了百萬家產，過上了富足的生活，照理說他應該非常滿足了。如果他能安守本分，他完全可以在適當的時候告老還鄉、安享天年，但他並沒有滿足於自己已經擁有的一切，反而把手伸向了那些本來不屬於他的財富。一朝事發，他苦心經營一生的財富頃刻之間化為烏有，拿了自己不應該拿的，就意味著要失去自己不應該失去的，就連自己的性命也賠了進去。

當今社會，儘管人類的文明已經非常發達，但各式各樣因為金錢而引起的犯罪依然時有發生。可笑的是，在所有的經濟犯罪裏，絕大多數的罪犯都是已經非常的富有，他們的身價最起碼也在千萬元之上。

就生活而言，他們根本就不需要那麼多錢。但他們還是這樣做了，可能他們一開始的時候，還只是為了個人的溫飽。但隨著時間的推移，他們對金錢擁有的慾望越來越強、越來越大，發展到了欲罷不能的地步，他們的理智已經完全不能抵擋金錢的誘惑，最終不得不走上了犯罪。正是對金錢利益的無度貪婪，使他們毀滅了自己！

不管什麼事情，有一句話是千真萬確的，那就是：若要人不知，除非己莫為；還有一句話，那就是：不是不報，只是時候未到。選擇決定結果，做出什麼樣子的選擇，就一定要面對相對應的結果。

其實這些道理誰都明白，但是一個「僥倖」，使這些人根本不考慮做這些事情的成本。當官的受賄，當權的害人，可能當時不需要什麼成本，一句話，一個眼色，或者一個批條，就能很容易達到自己的目的。但是，一旦事發，他們付出的成本就是他們已經得到的一切，還包括他們可能得到的一切。

* * *

回頭看前面的那些王侯將相、貪官污吏，他們之所以最後落得如此下場，其根本原因就是太貪了！他們背負了太多本不應該屬於他們的東西！他們太累了！太慘了！在他們看來，權勢、地位、金錢、財富、甚至名譽……這些美好的東西都應該據為己有。殊不知，對於一個特定的人來說，有些東西可能是他一生之中可以擁有的；而另一些東西可能是永遠不屬於他的，或者說即使他今天擁有，然而明天將不再屬於他。

所以，一個人活在世上，必須清楚地明白自己是一個什麼樣子的人，處在什麼樣子的位置和階段，哪些是應該屬於自己的，哪些是不應該屬於自己的。得到自己應該擁有的需要多大的成本，得到自己不該擁有的又要付出多大的成本。人，應該學會算這樣的帳。

明白了這個道理，算清楚自己做人和做事要付出的成本和得到的效益，一個人才能在形形色色的世事紛擾面前站穩腳跟。不會因為一葉障目，就不見森林，為了個人的一點私利犯一些錯誤；也不會因為路邊的野花而流連忘返。對於那些屬於自己的東西，他會拚盡平生心力一往無前地去努力追求，不達目的絕不罷休！而對於那些不屬於自己的東西，即使它們擁有多麼美麗的外表，打扮得多麼花枝招展、搖曳多姿，也應該鎮定自若，絕不為之迷惑、為之心動！

* * *

諸葛亮有句名言：「淡泊以明志，寧靜以致遠。」

諸葛武侯在先帝托孤之後，為了實現先帝復興漢室的遺願，他嘔心瀝血，鞠躬盡瘁，死而後已。雖然他「出師未捷身先死」，但其前後《出師表》光耀古今，雖千年而下，人們依然能從字裏行間看到這位兩朝老臣的一顆赤誠之心！做為漢庭柱石，諸葛亮在輔佐後主劉禪的過程，始終掌握著蜀國的軍事大權。但他對於這些權勢財利卻視若無睹，始終堅持了自己做為一代名相的高風亮節！

做人就需要這樣一種淡泊平和的心態，一種靜如止水的境界！

在現實生活之中，許多人總是死死盯著手中的那點權力，念念不忘口袋中的那些錢幣，把工作和生活全部當作了一場交易，總是斤斤計較於蠅頭小利，這就難免總是捉襟見肘、患得患失，這樣的人自然活得痛苦不堪。而一個人如果總是太過計較於繁冗小事，他就會對人生的大謀大略、大是大非視而不見。如此，則人生的失敗自然在所難免。與此相反，歷史上幾乎所有的偉人都是有所不為，有所作為。他們對於功名利祿的淡泊，正是其目光遠大的表現。也只有放下了心中所有的俗世牽掛，他們才可能輕裝上陣，心無旁騖，集中自己的所有精力，把自己的事情做成功、做到最好。

因此，只要擁有了一種淡泊的心態，一個人才能在世事誘惑面前不為所動，揮灑自如！只要擁有了一種平和的心態，一個人才能在面對成敗得失時，拿得起，放得下！具體來說，一個人所要面對的誘惑無非包括以下幾個方面：權力、金錢、地位、名譽、女人等等。

對於權力，生活中有許多人為了一個職位的高低、待遇的多少，而竭盡所能的勾心鬥角，鬥得不亦樂乎，甚至不惜一切代價不計成本。殊不知，即使我們今天坐上了這個職位，總有一天我們還是要下來的。今天的上就是明天的下，而今天的下也許就是明天的上。凡事自有公理定數，我們又何必為此勞神費心呢？

因此，我們不妨看開一些，心態平和地去面對權力。有句話說：「能者上，平者讓，庸者下。」是自己的位置，努力爭取；不適合自己的位置，主動讓賢。能屈能伸，方為真正丈夫；能上能下，方為為官本色！

而對於金錢，無可諱言，在商品經濟大潮中，能不能賺錢、賺錢的多少已經成為衡量一個人能力高低的標準。但做為一個商人，一定要賺正當的錢，正當地賺錢。如果利用非法手段賺取非法所得，即使今天你可以賺到很多錢，你明天可能連享用這些錢的機會都沒有了，因為你必須為此付出沉重的代價！你又何苦呢？

除此之外，一個人還應該明白金錢和身體、家庭和事業的關係，珍愛生命，珍惜親情，適當地賺錢，開心地生活。

有句話戲稱：「年輕的時候，我們拿健康換取金錢；年老的時候，我們拿金錢來換取健康。」道出了許多人的無奈。然而，我們完全可以不要這些無奈，我們不僅今天要擁有金錢，而且我們還應該在明天盡情地享用金錢。如果我們連享用自己賺的錢的機會都沒有，我們還有必要賺錢嗎？因此，我們要的是健康和金錢的雙豐收。

這就要求我們在追求金錢的過程中，要學會善待自己，珍愛自己的生命健康，不要好高騖遠。凡事量力而行，盡力而為，只要問心無愧，對得起自己就可以了。話說：「盡人事而聽天命。」只要自己努力去爭取，結果如何已經不太重要了。

許多人在追求事業的過程中，忽視了對家庭和親人的關愛。有的人在事業成功的那一天，突然發現，自己已經離自己的家庭太遠了。為了追求事業和金錢，他們丟掉了自己的家庭和愛他的人！

其實，家庭是一個職場中人溫馨的避風港。一個溫暖的家庭可以讓一個人在這裡休養療傷，從而在職場上更加勇往直前！一個人的事業今天可以沒有，只要經過努力，明天他是完全可以擁有的。但是一個人今天失去了這個家庭，可能就永遠失去了！因為家庭的溫暖是不可替代的！因此，那些整天在職場上摸爬滾打的人，別太醉心於自己的事業了！在工作忙碌之餘，多陪陪自己的親人和孩子，他們才是你真正的依靠，真正的精神家園！一個人真正的成功，不僅包括事業的成功，而且還包括家庭的成功。

而對於個人的功過毀譽，從古至今，不知多少人為那麼多毫無意義的虛名所累！從封建社會的貞節牌坊到今天各行各業的名人之累，不知吞噬了多少年輕女子的青春年華？不知毀滅了多少名人的才情稟賦？實在是誤國誤民、害人至深！我們何不像旦丁說的那樣，「走自己的路，讓別人去說吧！」只要自己認定自己所做的事是對的，值得自己去堅持，那麼就勇敢地去做吧！至於別人怎麼看、怎麼說，那是別人的自由與我無關！

在當前，有一些人為了一點虛榮和面子，不惜重金、甚至傾家蕩產去國外鍍金深造。更有人為了得到一張張證書，永無休止地在一個個考場上拚殺。君不見，現代版的「范進中舉」的悲劇還在不停地上演！其實，與其費盡心思、勞民傷財地追求那些虛無縹緲的東西，我們何不把自己的這些精力用在更有意義的事情上呢？如果能把考證、出國的熱情與幹勁用在真正值得去的事情上，也許我們早已在許多行業取得了成功！

其實，如何對待功名利祿是一個做人的態度問題。華人首富李嘉誠之所以能夠取得巨大的成功，並非因為他在經營方面比別人有更多的秘訣妙方，最關鍵在於他在做人方面非常成功。

李嘉誠曾經說過一句話：「二百億的生意我可以不做，但汕頭大學一定要建好。」在他看來，金錢可多可少，金錢沒了，我還可以再賺。但教育乃百年大計，大學是一定要建的。若干年之後，即使自己的財富已經不存在了，但這所大學一定會存在！李嘉誠對於名利的淡泊，對於金錢的平和心態可以說達到了一種超越的境界！他懂得把自己的所有價值用在那些最有意義的地方！

一言以蔽之，權勢金錢，皆乃身外之物，生不帶來，死不帶去。今天的有也許就是明天的無，今天的無也許就是明天的有。我們又何必苦苦追逐、苦苦強求呢？

明白這些，我們才能把自己的全部精力專注於那些最有意義、最能體現生命價值的事情上去。也只有這樣，我們才能在權勢名利面前，擁有一個淡泊平和的心態，神情恬淡，心如止水，灑脫地活著，做到低成本做人！

一半盡在我，一半任自然

人生在世，有太多不可把握的東西，凡事只要盡職盡力，盡本分，盡良心去做，至於做到什麼程度，成功與否，有待時間的洗禮。倘若不成功，不盡如人意，那也是問心無愧，不能苛責了。

一個人的力量終歸是有限的，無論你如何的優秀，如何的努力，總是有一些理想是無法完全實現；有的事情，盡一個人所能是無法做到圓滿的。理想的境界，有時候總像漂浮在海中的仙山樓閣，即使我們付出得夠多，追得夠遠也還是可望而不可及。

有的人相信付出總會有回報，只是早來還是晚來的事情。他們為自己確定的目標，竭盡所能地算計，費盡心機地經營，千般運籌，萬般設計。但是他們卻根本不考慮自己的目標是不是制訂得合理，計劃是不是夠完善，有沒有足夠的實力，半途會不會出現什麼意外，付出和收穫是不是成比例。他們想到要做什麼事情就盲目行動，不見黃河心不死，不破南牆不回頭。這種人勇氣固然可嘉，但是境遇也實在悲慘了些。

他們根本不知道，自然有其自身運行發展的規律，人的力量在自然面前並不是萬能的，所能解決的問題是非常有限。即使你花費了巨大的成本，即使你的目標已經觸手可及，但是一個小小的意外情況，就可能讓你一切努力奮鬥的成果，頓時成空。

很多情況下，一個人一生的得失成敗，不完全取決於人力，並不是說你投入多少，就可以產出多少。一個人能做的，只是量力而行，盡力而為；盡人事，聽天命。天命，不是說有多少神秘的力量在裏面，而是無法窺測的自然規律，或者說，無法捉摸的命運。

面對變幻莫測的自然規律，面對不可捉摸的未來，我們做任何事情，都不能承諾必勝。所以，我們一方面要盡自己的力量，創造必勝的條件，一方面要警惕隨時可能出現的突發狀況。必勝無法強求，只能以一半盡在我，一半任自然的心態來面對自己的成敗得失。成，安然；敗，坦然。

一半盡在我，一半任自然，就是一方面要盡自己最大的努力去爭取，另一方面又要任其自然，不強求，不妄為，遵從自然發展的規律。因為我們已經盡最大能力搏鬥了，既然屢遭挫折，連栽跟頭未獲成功，那就要理智地接受事實、承認現實，無論如何的不如意、不得志，也要如莊子所說的那樣：「依天從命，因順自然」。而不要強與自然規律爭平衡，把大好的成本，投入到毫無希望的目標上去。因為這樣的投入越多，失望越多，損失也就越多。還不如見不好就收，轉換陣地，降低做人做事的成本。

當然，一半任自然，並不是讓你安坐家中毫不作為，而任由事態發展，倘若絲毫不操勞，不努力，其結果不是守株待兔，就是坐以待斃。任自然和盡人力，是密切結合的。一半任自然，就要能接受一定程度內的失敗，在失敗的同時，要努力分析遭受挫折和失敗的原因，吸取其中合理化的經驗和教訓，進而改變現狀，改變命運，用最低的成本獲得對事物更深刻的認識，並避免自己犯同樣的錯誤，這才是智者的選擇。

俗話說：「識時務者為俊傑」。無論你是安於上天安排的命運，還是奮起向命運抗爭，都有一個接受眼前現狀的事實。一個懂得低成本做人的人，就是一個識時務的俊傑。當事情可操作的時候，就要知其可為而為之，盡最大的能力去做；當事情不可為的時候，就避免無止境的投入，及早收手，不可執於一念，把自己有限的資源白白的浪費掉。只有這樣做，才能以最低的成本，取得最大的成功。

＊　＊　＊

古希臘哲人赫拉克利特說過：「一個人無法兩次踏進同一條河流。」因為自然界是千變萬化的，河流不停地流淌，而我們的感覺也隨時變化。當我們第二次踏進那條河流的時候，河水已經不是原來的河水，而我也不復是剛才的我。

我們做事情的時候，也是一樣。我們所能把握的只有自己，而事態的變化，人事的更動，它們或者會在我們的意料之中，但是它們的發展，卻有自己的軌道，在我們的掌握之外。我們不可能鑽進別人的腦袋裏，控制別人的思維和行動。

而且，即使我們能夠控制其他相關的人，讓他們聽從命令，服從指揮，也仍然有太多不可預料的因素，會影響到事情的進程。比如，天氣的雨雪陰晴，時機的巧合和拖延，人的生老病死等等。

所以成功是可遇而不可求的，我們只要盡自己的心力，該計劃到的計劃到了，該尋求幫助的幫忙了，該創造的條件具備了，該做的事情都做完了，我們就可以問心無愧，剩下的就看機會和運氣了。成功了，我幸；失敗了，我命。

初唐的陳子昂，是個非常有才華的人物，他曾經寫下：「前不見古人，後不見來者。念天地之悠悠，獨愴然而涕下」這樣動人至深，影響千古的名句。

才華絕代的陳子昂，懷抱著為國家建功立業的理想，屢次到京都洛陽應試，可是考中之後，雖然取得了做官的資格，可是相關部門並不看重自己，遲遲不授予相對的職位。問題出在哪裡了？是學問不夠嗎？可是寒窗十載，陳子昂對自己的才華是非常有信心。就是和那些已經取得職位的人比起來，自己也毫不遜色，甚至有過而無不及。

陳子昂認真分析自己的優勢和劣勢，看自己究竟有哪些做不到的地方。他敏銳地觀察到，要想取得職位除了文章優秀之外，還必須具備另一個條件，就是必須要有足夠的名氣，那樣就可以和京中的名士和大臣們交往，在他們那裡樹立良好的口碑，而自己現在八字還少這最後的一撇。

發現了自己的不足，就要想辦法趕上去。陳子昂決心用最大的努力，使自己滿足這個條件。可是時間不等人，選拔人才在即，錯過了這個機會又不知道需要再等多少年。怎麼樣才能在最短的時間內，使自己獲得足夠的名氣呢？陳子昂很鬱悶。

想不出辦法，陳子昂到街市上閒逛。忽然看到前面圍滿了人，走進去一看，原來是個胡人在那裡賣一把古琴。那琴古色古香，又鑲有明珠寶玉，價值百萬。圍觀的人都讚不絕口，卻無人購買。

辦法有了，陳子昂愁眉展開了，他走進人群，當場買下了這把古琴。圍觀的人震驚了，此人是什麼來歷？何德何能？能擁有這樣的名琴？陳子昂微微一笑：諸位想看熱鬧嗎？明日請光臨寒舍，我將親自彈奏此琴。這下一條街都轟動了，人們奔相走告，都想聽聽這樣的名琴，會奏出什麼樣美妙的曲子。

第二天，蜂擁而至的人們把陳子昂的寓所擠得水洩不通，他們都想親耳聽聽陳子昂的琴聲。更大的震驚等待著他們，陳子昂拿起名琴，一把摔碎，說：「名琴雖然貴重，卻不及我的文章。」然後把自己的詩文發送給大家看。

陳子昂這一招，頗有破釜沉舟的意味。為了達到目的，他盡了自己最後的努力。該做的已經做了，明天是什麼結果，讓實踐來驗證吧。如果成功了，說明自己所有的付出是值得的；如果不成功，也只有認栽這一條路了。

陳子昂是幸運的。他的努力並沒有白費，最終得到了女皇武則天的賞識。陳子昂無疑是聰明的，他獨出心裁，用最低的成本，達到了自己的目的。

陳子昂已經花了很大的成本，得到做官的資格，如果他從此無所作為，不竭盡全力的為自己想出路，他以前的努力就全白費了，最起碼還要荒廢許多年的時光，他及時調整方向，極力謀求出路，尋找為國效命的機會，雖然付出一些代價，但是比較起來，這樣的代價完全是必要的，可以接受的。

在具體的社會實踐中，我們應該抱持著積極的心態來看待「盡在我」和「任自然」的關係。

首先，努力做事是首位的，路是走出來的，事是做出來的。不盡力就會功虧一簣，甚至沒有任何成功的可能。任自然，並不是要否定盡力而為。其次，任自然並不是無所作為的消極等待，而是說一種態度，因為我們的努力，最終要靠時間和實踐來檢驗，這是非人力所能決定的，任自然，從來不否定人力是主動的因素。

* * *

每一個成功的人，都是堅持實踐第一的英雄，他們把做事的基點放在自己身上，以自己為主，從自己做起，從每一件小事做起，而且做任何事情都會認真和努力，從來不會把希望寄託在虛無縹緲的命運上。

但是世界是充滿戲劇性的，有時候，即使我們付出了百倍的努力，卻不會有任何收穫，這時候，我們就需要及時的調整方向，考慮這樣做究竟是否值得，還有沒有必要繼續堅持。

希臘神話中，西西弗斯的任務，就是每天都把石頭推到高山上，但是石頭到了高山頂上就會跌落，西西弗斯還必須從頭做起，繼續把石頭推上山頂。如此周而復始，石頭每天都跌落，西西弗斯每天都在堅持。

假如那塊石頭代表著你現在正在做的事情，那麼，你究竟是放棄，還是堅持呢？如果堅持，成本每天都在增加，而成功卻是遙遙無期。即使你有足夠的勇氣和信心，那麼別人是不是還會繼續與你合作？投入源源不斷，而且都像肉包子打狗，有去無回，你究竟還有多少成本和資源，承受得了這樣代價高昂的遊戲？

也許你認為，一半盡在自己，一半任由自然發展，只要有恒心，鐵杵也能磨成針。只要自己努力到了，總有雲開見月明的那一天。精誠所至，金石為開。可是你是否想過，鐵杵磨成針，首先得選擇好磨石，也就相當於首先選好目標，如果選錯了目標，無論你怎麼磨，鐵杵也沒有磨成針的時候。即使你有填海的精誠，上天也不會幫助你。

所以一半盡在我，並不是盲目用功，而要選擇可行性的目標。像西西弗斯那樣，死守著一個不可能完成的任務，背負著生命不可承受之重，還以為自己是在盡人事，這種行為，最終只會誤人自誤，白白消耗了寶貴的時間和精力，到後來，白了少年頭，空悲切。

明朝中後期的海瑞，是當時的模範官員，可是他這個模範，卻也是無法效法的。他做官清正廉明，這個倒是值得讚揚的，可是天下承平日久，官場腐敗相沿成習，土地兼併嚴重，一般人民生活非常困難。海瑞卻想嚴格按照明初的法律行事，一下子就想遏止住極其敗壞的社會風氣，靠一己之力把社會改造成自己理想中的王道樂土，這卻是個不現實，也不可能完成的目標。

海瑞在當時是南京直隸的巡撫，一個地方的最高首長，他上任一開始，就宣布督撫條約，制定了瑣碎苛細的規定，嚇得很多有權勢的人家搬家出走。最重要的是，他干預境內的農田所有權，直接審理眾多的土地糾紛案件。在審理這些案件的過程中，他遵循寧可讓富人受冤枉，也不讓窮人受委屈的方針，徹底得罪了整個官場。

海瑞的政策，無疑具有正義性，可是卻不具備操作性。姑且不討論他偏袒窮人的方針是否合理，首先，土地是人們賴以生存的根本，土地糾紛也是當時最複雜最尖銳的問題，有的問題當事人也無法說清楚。不管他有沒有偏袒，最終有人得利，就有人受害，有人感謝他，就有人怨恨他，這樣他連自己的位置都保不住，還談什麼處理糾紛；其次，如果海瑞採取懲一儆百的方式，抓住幾個典型處理，然後大做宣傳，而不是對所有的案件一一追究，那麼有可能在一種寬鬆的氣氛中使問題得到合理的解決，可是他整治問題的熱情不可收斂，使自己沉浸於具體的事物中不能自拔；最後，整個事情是海瑞一個人在奮鬥，海瑞親臨一線，想把每一個問題都搞清楚，這就把自己推到了風口浪尖上，成為矛盾的焦點。

海瑞沒有選擇一個可行的目標，對自己的定位也不合適，雖然付出了巨大的精力和熱情，最終不但沒有完成任務，自己也被彈劾下台了。不但喪失了自己賴以實現目標的位置，也永遠失去了實現目標的機會。

一個人想要取得成功，那是無可厚非的，但是如果選錯目標，即使再努力、再奮鬥，根本就沒有成功的希望，因為他的目標和奮鬥南轅北轍，努力越多，消耗的成本越多，最終連做其他事情的資源也被佔用，成功離他就更遠了。

* * *

有一副著名的對聯，是這樣寫的：有志者，事竟成，破釜沉舟，百二秦關終歸楚；苦心人，天不負，臥薪嚐膽，三千越甲可吞吳。

上聯主要講的是奮鬥，有志的勇士，把做事的主動權牢牢掌握在自己手中，為了自己的目標，艱苦奮鬥，不惜犧牲，不惜花費自己最後的一點成本。

下聯主要講的是環境，勇士既然下定了決心，他一定會想辦法取得各種有利的條件，自然形勢就會慢慢發生傾向於他的變化，那麼事業的成功就可待了。

綜合起來，這副對聯還是在講一種樂觀的奮鬥精神。一個人能如果能夠安守天命，通樂達觀，一方面保持旺盛的戰鬥意志，生命不息，戰鬥不止，精神還在，希望就在。另一方面又要有健康的心態，面對眼前的挫折失意，要保持泰然自若，不必頹廢喪志。只要朝既定的目標努力奮鬥了，成敗得失，付之未來就可以了。

凡事既能盡力而為，為成功創造一切必要的條件，又能任從自然，讓時間和實踐來檢驗一切，這才是樂觀豁達的人生。

天地之間，人的力量是有限的，即使竭盡全力，放在社會的汪洋大海中，放到自然的天平上，那也是微不足道的。一個人想做大事，並非容易。因而，我們應該具有平常心，對生活中的困難和挫折，成功和業績，要看得淡一些，看得開一些。**一件事，你想做並做成了，是天道酬勤，是上天對你的恩惠；敗了，是天公不作美，是命運對你的磨練。**一個目標，能夠透過自己的努力順利完成，就想盡一切辦法來實現這個目標；如果不可能完成，也不要苛求自己，該放棄就要放棄。只做對自己有意義的事情，用最小的成本，做更多的事情，取得最大的成功。

把一切都看得淡薄，自然會心胸開闊，失意泰然、得意淡然，無處不適，無處不安。就能夠凡事以自己為主，容物而不被物所擾，保持旺盛的精力和鬥志，在困難面前始終保持足夠的勇氣，成為生活的強者；就會不逆勢而行，不按自己規律行事，自尋煩惱，自找苦吃，加重自己生活的負擔，增加不必要的開支。

一半盡在我，一半任自然，其實是一種最低成本的做事方式和心理安慰。人生在世，有太多不可把握的東西，凡事只要盡職盡力，盡本分盡良心去做，至於做到什麼程度，成功與否，有待時間的洗禮。倘若不成功，不盡如人意，那也是問心無愧，不能苛責了。

國家圖書館出版品預行編目資料

做人要有成本概念 / 砍柴人著； -- 初版. -- 臺北市 ： 種籽文化, 2017.04
面； 公分

ISBN 978-986-94675-0-6（平裝）

1.成功法 2.生活指導

177.2 106005033

小草系列 15

做人要有成本概念

作者 / 砍柴人
發行人 / 鍾文宏
編輯 / 編輯部
美編 / 文設計
行政 / 陳金枝

出版者 / 種籽文化事業有限公司
出版登記 / 行政院新聞局局版北市業字第1449號
發行部 / 台北市虎林街46巷35號 1 樓
電話 / 02-27685812-3傳真 / 02-27685811
e-mail / seed3@ms47.hinet.net

印刷 / 久裕印刷事業股份有限公司
製版 / 全印排版科技股份有限公司
總經銷 / 知遠文化事業有限公司
住址 / 新北市深坑區北深路 3 段 155 巷 25 號 5 樓
電話 / 02-26648800 傳真 / 02-26640490
網址：http://www.booknews.com.tw（博訊書網）

出版日期 / 2017年04月　初版一刷
郵政劃撥 / 19221780戶名：種籽文化事業有限公司
◎劃撥金額900(含)元以上者，郵資免費。
◎劃撥金額900元以下者，若訂購一本請外加郵資60元；
劃撥二本以上，請外加80元

定價：240元

種籽
文化

種籽文化